不写是云特例

周锡冰 著

重庆出版集团
重庆出版社

图书在版编目(CIP)数据

马云不是特例 / 周锡冰著. —重庆：重庆出版社，2015.7
ISBN 978-7-229-09797-4

Ⅰ.①马… Ⅱ.①周… Ⅲ.①电子商务—商业企业管理—经验—中国 Ⅳ.①F724.6

中国版本图书馆CIP数据核字(2015)第086473号

马云不是特例
MAYUN BUSHI TELI
周锡冰 著

出 版 人：罗小卫
责任编辑：陶志宏 曾 玉
责任校对：刘小燕
装帧设计：重庆出版集团艺术设计有限公司·王芳甜

重庆出版集团
重庆出版社 出版
重庆市南岸区南滨路162号1幢 邮政编码：400061 http://www.cqph.com
重庆出版集团艺术设计有限公司制版
自贡兴华印务有限公司印刷
重庆出版集团图书发行有限公司发行
E-MAIL:fxchu@cqph.com 邮购电话：023-61520646
全国新华书店经销

开本：720mm×1000mm 1/16 印张：16 字数：252千
2015年7月第1版 2015年7月第1次印刷
ISBN 978-7-229-09797-4
定价：35.00元

如有印装质量问题，请向本集团图书发行有限公司调换：023-61520678

版权所有 侵权必究

推荐序一

尊敬的投资者，当您打开这份阿里巴巴上市招股书的时候，您也许在考虑投资我们，参与我们未来发展的旅程。我希望能在这封短短的信里与您分享一些我们对未来的信念和看法，以便您做出最终的选择。

第一，我们的使命和愿景

阿里巴巴是一家真正相信并践行使命驱动的公司。15年来，我们固执地坚守了"让天下没有难做的生意"这一使命，帮助中小企业解决生存、成长和发展的问题，我们与成千上万的小企业一起靠理想，靠努力，靠市场成就了更好的自己。未来我们将一如既往与客户共同努力，成为一家生存102年，也就是横跨三个世纪的公司。

与其他高科技公司有所不同，我们不是一家拓展技术边界的科技公司，而是一家通过持续推动技术进步，不断拓展商业边界的企业。我们不是靠某几项技术创新，或者几个神奇创始人造就的公司，而是一个由成千上万相信未来，相信互联网能让商业社会更公平，更开放，更透明，更应该自由分享的参与者们，共同投入了大量的时间，精力和热情建立起来的一个生态系统——正如今天你们所看到的。

很多年前，我们公司的创始人就渴望成立一家由中国人创办，但是属于全世界、属于这个时代的公司。过去十多年，我们一直以中国因为我们发生了什么变化来衡量我们的成就感，未来，我们将会以世界因为阿里巴巴发生了什么正向变化来衡量我们是否是真正的成功。这会是巨大的挑战，但更会是一个难得的福报。这要求我们每一天都做到最好，但是更重要的是，需要我们坚持长期的投入，规划和完美的执行。

第二，我们基于生态系统的商业模式

阿里巴巴的使命决定了公司不会成为一家商业帝国。我们坚信只有打造一个开放、协同、繁荣的商业生态系统，令生态系统的成员有能力充分参与其中，这样才能真正帮助到我们的客户，也就是小微企业和消费者。作为这一生态系统的运营者和服务者，我们倾注了我们所有的心血、时间和精力，用以保障和推动这个生态系统及其参与者更加蓬勃发展。我们取得成功的唯一方法是让我们的客户，我们的合作伙伴成功。

我们一直坚信，身处21世纪的企业必须以解决社会问题为己任。阿里巴巴集团的发展从一开始就植入了社会责任的基因。我们相信一个健康繁荣的生态系统是我们商业模式的根基，而这需要通过持续解决社会问题和承担社会责任来实现。

互联网给了我们一个"千年一遇"的机会，让我们能在中国建立一个全新的商业生态系统。然而，这个变革性的工作并不容易，它要求我们必须保持一致，跨领域合作，并且始终聚焦在打造我们生态系统以及生态系统参与者的长远利益上；它要求生态系统最大程度的公平、透明和高效。这不仅是我们道德上的责任，也是我们自身生存和发展的基础。这个复杂的生态系统注定了不会呈现简单的商业模式。同样，因为我们的复杂系统，也让竞争者不容易轻易模仿。

假如您购买了我们的股票，您也会成为我们生态系统里的一部分。在全力保障您的利益的同时，我们也会希望并请您和我们一起努力确保生态系统更加持久健康地发展。

第三，我们将如何面对挑战

过去的15年，我们走得并不容易，在一片的争议和挑战中，走到了今天。尽管天天如履薄冰，我们还是常常发现必须面对复杂局面，平衡与协调各方利益，并做出艰难选择：买家卖家的利益，卖家间的竞争关系，创业精神和监管者的关系，开拓创新和稳健保守的关系，诸如此类。任何一次巨大的创新和进步背后都会有与保守和既得利益群体的角逐，有人支持也必然有人反对。

此外，现实商业社会里的很多弊端也会在我们的生态里出现，假货，知识产权，以及那些试图利用我们的生态系统获得不公平收益的行为。如同今天所有的公司一样，我们必须解决这些棘手的问题，因为即使是建立在互联网上的生态系统也无法不受传统经济问题的影响，我们的生态系统及其参与者是无法从现实世界中分离出来的。处理好这些问题绝对不容易，因为从来就没有一个完美的方案和答案。同时，生态系统不是计划出来的，而是自然演进的，因此阿里巴巴的发展必须随时跟着现实与网络环境的变化而快速变化。

阿里巴巴集团执行主席 马云
2014年9月6日

（注：推荐序内容来自阿里巴巴上市前的一封公开信）

推荐序二

2013年5月10日，鲜花和掌声集于一身的马云功成身退。马云正式卸任阿里巴巴集团CEO职位，陆兆禧接任。

马云把这个"金盆洗手"的时刻安排在淘宝10周年庆典上，这不仅符合马云高调的做事风格，也符合马云"退而不休：将推动集团整体上市"的整体战略需求。

这一切都在马云的运筹帷幄之中。作为国内最早BtoB网站的创始人，马云的名气在国内远没有在国外响亮。

中国互联网有一个特点——"墙内开花墙外香"。不管是张朝阳被评为全球数字英雄 50 人，还是马云登上国际权威财经杂志《福布斯》封面。都没逃脱这个规律。2000年7月17日，马云创办的阿里巴巴依然独自前行着。然而，让马云感到非常意外的是，自己的名声响彻海外，竟然成为了中国大陆第一位登上国际权威财经杂志《福布斯》封面的企业家。

2002年5月，马云再次获选成为日本最大财经杂志《日经》的封面人物。可以说，这些殊荣不仅让马云成为一个传奇性人物，而且一下子洗掉身上曾被说成是"骗子"、"疯子"和"狂人"的坏名声。

回想创办阿里巴巴之初，吴晓波是这样介绍马云的："在北京失意落魄的马云决定回杭州城郊的一间民房去捣鼓他的阿里巴巴 BtoB网站。"

足以看出马云当初的不得志。尽管如此，马云依然带领着"十八罗汉"在杭州西湖区文一西路湖畔花园的一所普通住宅里创办了阿里巴巴。

而初创的阿里巴巴注册资本只有50万元人民币，可以说只不过是一个非常普通的小企业而已，而今的阿里巴巴却被称为市值超过1000亿美元的超级伟大公司，不仅创下了全球互联网融资额的最高纪录。可能读者会问，马云是靠什么把阿里巴巴打造成被称为市值超过1000亿美元的超级伟大公司，创造了一个又一个令人不可思议的商业奇迹呢？

经过几年的研究后发现，被称为市值超过1000亿美元的超级伟大公司——阿里巴巴，其做强做大离不开马云的梦想："无论我们多么渺小、无论我们遇到多少困难、只要我们坚持梦想，就像起跑的力量，就像腾飞的力量，这就是梦想的力量。"

一般地，绝大部分创业者在创业之初，没有太多的梦想可以实现，只不过一心就只想赚钱，其目标大都比较狭窄和单一。

只有当初创企业具备一定的规模和实力后，这样才促进创始人制定科学、合理的公司战略。这种思维将导致整个企业做不大、做不强。

我们再来回顾一下马云的创业经历。在马云创立阿里巴巴时，尽管创业资本只有区区50万元，然而马云却把阿里巴巴定位为一家全球公司。

在阿里巴巴的国际化中，马云的国际化战略是非常清晰的。主要有以下几点：

第一，起一个国际化的公司名称。为了让全世界的合作者都能记住阿里巴巴这个公司名称和品牌，马云在捉襟见肘的情况下毅然拿出1万美元购买阿里巴巴的域名。

这在中国商标保护及其品牌意识极为淡薄的时代，可以称得上是惊人之举。马云这样做的初衷，就是认准阿里巴巴这个公司名称和品牌名字能够跨越国界，成为流行全世界的一流品牌。

第二，打造国内和国外两个价值链。不仅如此，在创办阿里巴巴这个电子商务网站时，马云就将阿里巴巴定位在"一头是海外买家，一头是中国供应商"国内和国外两个价值链上。这样做的好处在于，阿里巴巴不仅可以培育中国国内电子商务市场，而且还可以加大推广力度迅速地打开国际电子商务市场。

第三，配合国际化战略调整阿里巴巴的机构设置。为了配合阿里巴巴的国际化战略，阿里巴巴的机构设置也开始调整。1999年，在创办阿里巴巴时，马云就有意向地把阿里巴巴的总部放到中国香港特别行政区。而互联网较为发达的美国开始设立研究基地；在伦敦设了分公司。最后才在杭州建立了在中国的基地。

在马云的战略思维中，这样的战略布局不仅提升了阿里巴巴的知名度，同时也使得阿里巴巴能够高歌猛进。倘若马云没有这样的战略布局，今天的阿里巴巴公司也只不过就是一个默默无闻的小网站名而已。

不可否认的是，对于任何一个企业家而言，其战略思维必须依靠企业家的使命感来支撑。因为伟大公司首先能为社会创造真正的财富和价值，可以持续不断地改变这个社会。为此，马云不止一次地强调，阿里巴巴要为社会创造价值的强烈使命感："我们只想做一个企业，做一个企业家。企业家应该影响社会，创造财富，为社会创造价值。商人留给世人的印象就是追逐利润，而企业家则给人一种使命感。阿里巴巴最重要的原则之一，就是永远不把赚钱作为第一目标。"

事实证明，对于任何一个创业者而言，创业都是一个非常艰难的过程。创业者往往都非常辛苦，还可能会遭遇诸多挫折，甚至可能会创业失败。要想创业成功，不仅需要创业者具备良好的创业心态，而且还需要时刻激励自己，永不放弃。对此，马云在中央电视台《赢在中国》栏目告诫创业者："面对各种无法控制的变化，真正的创业者必须懂得用乐观和主动的心态去拥抱。当然变化往往是痛苦的，但机会却往往在适应变化的痛苦中获得。这么多年来，我已经历了很多的痛苦，所以我不在乎后面更多的痛苦，反正来一个我灭一个。"

客观地讲，而今的马云，已经功成身退。可以说是一部活的创业史。在马云这部创业史中，不仅体现了马云的创业精神、战略、企业家修为等，而且还能读到马云在经营理念、产品定位、融资方略、客户关系管理、人才使用与培养等企业经营方面的创业经验。

如今，50万元注册资本的阿里巴巴，已经长大成为一家世界瞩目的电子商务公司。这都离不开马云的执着梦想、智慧和魄力。

马云的创业精神是值得学习的，而本书作者周锡冰执着研究的精神同样值得学习。前几日，在一个企业家论坛上，周锡冰告诉我，其新作《马云不是特例》即将出版，让我做一个推荐序，这件事情让我非常震惊，主要原因是，在这个为自己而忙活的镀金时代，一个执着的青年学者试图通过自己的著作来影响中国数以万计的创业者，或者正准备创业的人。

本书中，介绍了马云的创业经验和失败的教训。尽管书中的文字并没有华丽的词藻，也没有煽情的鼓动，但是这些文字却深深地打动了我，因为我从他的文字中读出了历史责任感。

可以肯定地说，周锡冰的时代责任感是不容争议的，在周锡冰看来，为中国企业的发展和延续作出一点微薄的贡献，这也是他对我们这个时代应担负的历史使命感和责任感。

可能有人认为我是小题大做，也可能有人认为我是在哗众取宠，但是，我要告诉大家的是，正是中国人自己喜欢猜疑才导致了只有少数人在宽广无边的旷野中呐喊，从而让更多的人沉默。

当然，选择呐喊不仅需要勇气，更需要的是责任。而周锡冰的著作无不体现作为一个时代财经作者的紧迫感和时代责任感，更令人钦佩的是周锡冰的这种特立独行的呐喊精神，这才是我写本序言的重要原因。

《商界·评论》杂志主编　周云成

2014年11月20日深夜

自　序

随着中国新一轮的创业热潮席卷华夏大地，创业已经成为中国人民嘴边最常用的词。前不久，身为企业家的王石最近在接受媒体采访时，毫不讳言地表示"企业家成为新世纪的宠儿"。这位"新世纪宠儿"的言论，无疑为创业者的光环更增添了一抹诱人的色彩，也激发了更多的人投入到创业者的队伍中。

最新的一项研究报告也显示，中国的创业活动正处于活跃状态，新一轮的创业高潮正在形成。然而，与此同时，中国创业企业的失败率却高达70%以上，平均企业寿命不足三年，七成企业活不过一年。尽管"各领风骚三五年"并非中国特有的现象，在发达国家也是如此，但是，在那里，创业当年就失败了的新企业仅占35%，活过五年的也能达到30%。

创业成败，固然与企业本身的因素息息相关，但是，创业环境的好坏也在很大程度上起决定性作用。借用狄更斯在《双城记》中的名言，可以说，眼下"是创业的最好的时代，也是最坏的时代"。

当然，在这里说是创业最好的时代，主要是指那些准备充分，思维敏锐的创业者，而最坏的时代主要指在商品经济大潮的冲击下，许多创业者尽管创业热情很高，由于毫无准备，结果不是因投资失误，就是管理不善而步履维艰，甚至惨遭淘汰。

众所周知，要想创业，就必须有吃苦的准备。确实，创业是一个艰辛的过程，没有吃苦的准备，肯定是坚持不下去的。

马云在"西湖论剑"上多次告诫创业者："对所有创业者来说，永远告诉自己一句话：'从创业的第一天起，你每天要面对的是困难和失败，而不是成功。我最困难的时候还没有到，但有一天一定会到。困难不是不能躲避，不能让别人替你去扛。九年创业的经验告诉我，任何困难都必须你自己去面对。创业者就是面对困难。'"

除了能吃苦，创业者还必须要有足够的危机意识。微软创始人比尔·盖茨说过："对于创业者来说，初创企业的破产只有一个星期"。正是在这一名言的激励下，微软怀着巨大的危机感，不断积极进取，短短20年就发展成为世界最大的软件企业。如今，微软的操作系统占有了90％以上的市场，成为绝对的垄断者。

无独有偶，英特尔前CEO安迪·葛鲁夫对于危机意识的看法与比尔·盖茨有着惊人的相似，安迪·葛鲁夫在接受美国《商业周刊》记者采访时强调："一个CEO每个月的第一天必须做一件事：将自己解雇，并详细地申述解雇的理由，在深刻地反省并拿出有效的应对之策后，重新雇用自己。只有这样的CEO才能让企业生存和发展。"

从安迪·葛鲁夫的话中不难理解，只有惶惶不安者才能生存。当然，我们不是安迪·葛鲁夫，也不是每个创业者都能幸运地找到安迪·葛鲁夫这样的创业伙伴，但是，既然要创业，创业者首先就必须有这种"惶惶不安"的心态，应该随时做好应对危机的准备。

谈到创业，到底什么是创业呢？简单地说，创业就是一个发现和捕获机会并由此创造出价值的过程。这里所说的创业，是指以企业为载体，以正当地获得更多利益为目标的活动，而非开创个人政治、学术等事业的创业。

从上面的概念表述中，可以得出一个很显而易见的结论：创业，以获取更多金钱或利益为目标。显然，这个过程至少包括两个要素或阶段：一是发现和捕获机会；二是创造出价值。

对于正在创业，或者即将创业的人来说，借鉴最好的范本就是马云，因为马云本身就是一本较好的创业教科书。

对于白手起家的中小创业者来说，如何正确投资、融资，回避投资误区，就成为创业成功与否的关键。本书主要根据马云的创业经验和心得，有针对性地提出科学、合理的投资思维、方法、技术等方面问题，从而更好地找到那些造成创业失误的根源，提出他们创业时解决问题的宝贵经验，让创业者顺利走出困境，旨在以具体事例传承投资智慧，使创业投资者在摩拳擦掌之时，从而对创业者提出善意的建议，从而指导能够从中获取真正具有指导性的知识和技巧。

本书的定位是企业教育、培训员工的教材；年轻人、白领人士的励志读物；创业者、管理者的行动指南；成功者、领导者的决策参考……因此，作为这个时代草根创业的代表人物，以及继续在创业路上的先行者，马云的企业经营论断或许不能直接给创业者们带来成功，却能给予创业者一个提示，一个视角，一个忠告，一个鼓励，告诉所有创业中的人们，创业其实有很多误区，需要创业者自己去反省和规避，更好地为创业者提供参考和借鉴。

周锡冰

2014年11月20日

目·录

推荐序一 …………………………………………………………… 1
推荐序二 …………………………………………………………… 1
自序 ………………………………………………………………… 1

第一部分　创业不仅要想，更要做

第一章　创业不能仅仅停留在理念与幻想上 …………………3
- 想法可以有无数个，行动只能有一个　3
- 理念不是最值钱，真正值钱的是创业者创造的价值　5

第二章　敢想敢干方能创业成功 ………………………………8
- 务实的创业精神　8
- 创业仅仅只有高智商是永远不够的　11

第三章　创业者首先要敢于实现自己的梦想 …………………14
- 创业者，首先要给自己一个梦想　14
- 坚持梦想，把事情做到极致　16
- 追逐梦想也需要一定的资本　19

第四章　最喜欢的事情付诸实践的几率最大 …………………23
- 兴趣和爱好是创业最伟大的基因　23
- 不喜欢，或者不爱做那样的事情，最好不要去创业　27

第二部分　成功创业其实都可以复制

第一章　尽可能给公司起个好名字 ……………………………33
- 给公司起个让全世界都能记得住的好名字　33
- 阿里巴巴品牌名称背后更是102年老店的使命　36

第二章　创业者最关键的是敢于创造条件 ……………………40
- 没有万事俱备，只欠东风之时　40
- 创业者一定要想清楚的三个问题　43

- 没有条件,必须创造条件　45

第三章　创业不要"左眼美金,右眼日元"·················47
- 绝不要因为赚钱而创业　47
- "左眼美金,右眼日元"根本赚不到钱　49

第四章　创业不是"置之死地"·································51
- 随时准备好接受"最倒霉的事情"　51
- 创业者要有吃苦20年的心理准备　53

第三部分　最优秀商业模式往往是最简单的

第一章　赚钱模式越多越说明你没有模式·················59
- 只挣钱的模式不是商业模式　59
- 创业伊始无需过分看重商业模式　62
- 看不清的模式就是最好的模式　64

第二章　最优秀的模式往往是最简单的东西·············67
- 阿里巴巴现在的商业模式很简单　67
- 商业模式也需要创新　70

第四部分　唐僧团队是最好的团队

第一章　创业时期千万不要找明星团队·················77
- 创业公司不能引进明星团队　77
- 绝对不要迷信MBA团队　79

第二章　创业要找最合适的人,不一定要找最成功的人·········82
- 聘请员工要找最合适的而不是最天才的　82
- 陆兆禧接棒的是马云的亮剑精神　84

第三章　向唐僧学习团队管理·································86
- 唐僧团队虽然普通,却是最好的创业团队　86
- 激发团队的想象力　90

第四章　天下没对手能挖走我的团队 ……………………………… 92
- 没有"十八罗汉",阿里巴巴不可能成功　92
- 马云的团队为什么没人能挖走　95

第五部分　点滴的完善就是最好的管理

第一章　别把飞机引擎装在拖拉机上 …………………………… 101
- 飞机引擎装在拖拉机上无疑会"水土不服"　101
- 飞机引擎装在拖拉机上还是拖拉机　103

第二章　将社会责任感植入到商业模式中去 …………………… 105
- 企业必须要有社会责任感　105
- 创造就业机会重于做慈善　109

第三章　做战略最忌讳的是面面俱到 …………………………… 113
- 战略就是对开展竞争的问题作出的清晰选择　113
- 制定战略目标永远不能超过3个　116

第四章　点滴的完善就是为了管理更加规范 …………………… 120
- 完善管理势在必行　120
- 三流点子一流执行力比一流点子三流执行力更有竞争力　122

第六部分　做生意眼睛要盯着客户

第一章　创业最重要的是明白客户的需要 ……………………… 129
- 满足客户的需求　129
- 明白客户需要什么,实实在在创造价值　131

第二章　根据市场去制定你的产品 ……………………………… 134
- 满足个性化需求,才能赢得客户　134
- 一切产品都必须倾听客户的意见　137

第三章　你放弃了自己的客户,你一定会死掉 ………………… 140
- 客户是企业的衣食父母　140

- 即使净利润下跌，也要坚持以客户为中心　142

第七部分　在很赚钱时才去融资

第一章　不要从创业第一天起就想着融资 ………………… 147
- 融资需要天时、地利、人和　147
- 创业者要善用"他人钱"　149

第二章　一定要在赚钱的时候去融资 ……………………… 152
- 融资最佳的时间是不需要钱时　152
- 在运营初期不应过分地追求融资　153

第三章　不要觉得VC是爷，VC永远是舅舅 ……………… 157
- 尊重战略投资者不代表创业者完全服从　157
- 让投资者追着创业者投资　159

第四章　不能在资本层面稀释掉对企业的操纵权 ………… 162
- 稀释掉公司控制权的融资没有任何意义　162
- 外资不会控制阿里，自己会掌控阿里的未来　164

第八部分　竞争仅仅是一场游戏

第一章　拿望远镜也找不到对手 …………………………… 171
- 竞争的最高境界是"心中无敌"　171
- 竞争让对手心情变得糟糕　172

第二章　消灭竞争对手未必会赢 …………………………… 176
- 挑战别人的人基本上不太久，终有一天倒下　176
- 不要老是想打败竞争对手　179
- 竞争的时候不要带仇恨，带仇恨一定失败　181

第三章　阿里巴巴的竞争对手是自己是明天 ……………… 183
- 竞争对手其实就是自己　183
- 竞争对手是最好的老师　185

第九部分　善待员工

第一章　善待员工，带来的回报远超过想象 193
- 最好的员工是自己培养、发掘出来的 193
- 只要是人才，阿里巴巴都要 195

第二章　员工是公司最好的财富 198
- 公司的第一产品一定是员工 198
- 员工意见比股东意见更重要 201

第十部分　正视社会关系

第一章　创业不能仅凭关系 205
- 世界上最不可靠的东西就是关系 205
- 获得政府的支持不是创业者的终点 206

第二章　做生意需与政府保持适当距离 210
- 不要过分依赖政府和银行 210
- 与政府恋爱的两条准则 211

附录一：马云卸任演讲 214
附录二：阿里巴巴集团招股说明书 218
参考文献 226
后　记 235

第一部分
创业不仅要想,更要做

创业，最需要的就是胆量与勇气。因为这个世界就是这样，你要有梦想，你还要有胆量、毫不妥协的信念和实现梦想的决心和行动，才会赢。

——阿里巴巴创始人　马云

第一章 ONE

创业不能仅仅停留在理念与幻想上

> 战略不能落实到结果和目标上面,都是空话。
> ——阿里巴巴创始人 马云

■ 想法可以有无数个,行动只能有一个

> 创业不能停留在理念与幻想上;想法(idea)可以有无数个,行动(action)只能有一个。
> ——阿里巴巴创始人 马云

纵观中国诸多的成功创业者,发现他们都有一个共同的特点——创业不能停留在理念与幻想上,而是将自己的某些想法和梦想付诸实践,经过艰苦的努力,最后功德圆满,成为中国创业者为之骄傲的标杆,甚至成为中国福布斯富豪榜上的名人。

在成千上万的创业者中,作为阿里巴巴的创始人马云,无疑成为中国创业史上一个史诗般的传奇人物。谱写传奇的马云在创业路上,没有把创业想法仅仅停留在理念与幻想上,而是不折不扣地践行着自己的想法和梦想。

如今的马云,不仅摘取诸多创业的桂冠,甚至还得到了更多的殊荣,见

表1①。马云诸多荣誉背后更多的是,坚持梦想和敢想敢干的创业经验。而马云的这些创业经验又犹如茫茫大海上一盏灯塔一样,指引着更多的中国创业者。

表1 马云的成就与荣誉

序号	内容
(1)	2000年10月,马云被"世界经济论坛"评为2001年全球100位"未来领袖"之一。
(2)	2001年,马云被美国亚洲商业协会评选为2001年度"商业领袖"。
(3)	2002年5月,马云获选成为日本财经杂志《日经》的封面人物。
(4)	2004年12月,马云荣获十大年度经济人物奖。
(5)	2005年,马云成为中国大陆地区第一位登上美国《福布斯》杂志封面的企业家。
(6)	2006年,马云成为中央电视台经济频道《赢在中国》的评委。
(7)	2008年3月,马云获选《巴隆金融周刊》2008年度全球30位最佳运行长。
(8)	2008年7月,马云获得日本第十届企业家大奖(该奖项过去只颁发给日本国内的企业家)。
(9)	2008年9月,马云获选美国《商业周刊》评出的25位互联网业最具影响力的人物。马云也是唯一上榜的中国企业家。
(10)	2008年10月31日,阿里巴巴有限公司和杭州师范大学合作共建杭州师范大学阿里巴巴商学院,马云任董事会董事长。
(11)	2009年,45岁的马云个人净资产达80亿元。
(12)	2009年11月,马云获选《时代》2009年百大最具影响力人物。
(13)	2009年11月,马云获选《商业周刊》2009中国最具影响力40人。
(14)	2009年12月23日,马云获选CCTV中国经济年度人物中国经济十年商业领袖十人之一。
(15)	2010年,马云入选2010中国国家形象宣传片人物。
(16)	2010年9月,《财富》杂志以"智慧"和"影响力"为指标,评选出当今全球科技界最聪明的50人。马云以"阿里巴巴CEO"身份入围"最聪明CEO"第四名,颁奖词为"阿里巴巴的帝国正在向全球快速扩展"。

---

①佚名.马云[EB/OL].2014.http://baike.baidu.com/view/16360.htm#sub5414449.

续表

序号	内容
（17）	马云入选2012年《财富》中国最具影响力的50位商界领袖排行榜，排名第八。
（18）	马云入选2012CCTV中国经济年度人物候选人。
（19）	马云入选2012年度中国企业十大新闻之民企新闻人物。
（20）	2014年10月27日，福布斯中文网发布"2014中国富豪榜"，马云以195亿美元身家名列第一。
……	

　　表1中足以显示，这些荣誉与成就仅仅是马云的一部分。可能有读者，或者创业者会问，马云为什么能够取得如此骄人的成就呢？

　　关于这个问题，马云自己最有发言权。在一些公开场合下，马云就回答过这个问题，马云说："创业不能停留在理念与幻想上；想法（idea）可以有无数个，行动（action）只能有一个。"

　　当然，马云用这句话来告诫创业者是非常有道理的，马云强调："中国人的创业，关键不在于你有出色的想法、理念或梦想，而在于你是否愿意为此付出一切代价，全力以赴地去做它，证明它是对的。"

■ 理念不是最值钱，真正值钱的是创业者创造的价值

> 这个理念并不是最值钱的东西，真正值钱的东西是创业者创造的价值，是脚踏实地的结果。
> ——阿里巴巴创始人　马云

在中国，最不缺的就是高谈阔论的战略家，却缺乏真正地去将创业想法付诸实践的创业者，只有踏踏实实地将创业想法转化为商业机遇，这样才能创造巨大的商业价值。

在很多企业家论坛上，一些企业家都在高谈阔论说方向和战略，甚至在指点江山、激扬文字。

然而，不到两年，一些企业家当初热血沸腾地谈到的战略却已时过境迁，诸多的想法也不过是过把嘴瘾而已。

面对这样的问题，马云在一些场合下回应说："做企业不仅仅是做创意，创意是企业运营中重要的一环，但它只是一环，更重要的是要把每项工作落到实处。"

事实证明，很多创业者都喜欢大谈特谈战略，特别是自己的某些管理理念，却往往忽视了实实在在的执行，结果在创业的道路上栽了跟头。

马云在担任中央电视台经济频道《赢在中国》创业导师时，就经常告诫创业者，创业不能停留在理念与幻想上。

在《赢在中国》第二赛季晋级篇第一场中，创业选手石乐华提出了自己的战略设想，石乐华的战略思路是，将走特色化整合道路，把卫浴进行关键性组合，致力于参与行业标准的制定和品牌的建设，进行原始设备生产商加工，甚至将打造中国本土的卫浴知名品牌。

当创业选手石乐华阐述完自己的战略理念后，作为创业标杆、创业指导大师的马云不仅没有极力地批评，也没有过多的指责，而是给予了创业选手石乐华客观的点评。

在这次点评中，马云充分地肯定了创业选手石乐华的心态和创业的激情，同时还极大地肯定石乐华坚定自己的信念，坚持自己的并购、整合等作为创业者极高的素质。

可能很多创业者认为，马云的成功源于他非常优秀的理念，但是马云却不这样认为，这个理念并不是最值钱的东西，真正值钱的东西是创业者创造的价值，是脚踏实地的结果。马云点评说：

谈一下我的看法，我感觉你的条理很清晰，心态很好，你的激情跟别人不一样。很多人把创业者看成激情澎湃的人，你对自己的信念非常坚持，坚持自己的并购、整合是有意义的，尽管评委也好，其他人也好，说你不靠谱，你凭什么整合，但是你自己内心信念的坚定很具备创业者的素质。但是我这里想讲的是，在整合的要素当中你讲到理念和信心，我自己这么看，好像理念是挺不值钱的东西，真正值钱的东西就是你创造的价值，脚踏实地的结果。很多人说我有非常优秀的理念，我听太多了，这世界上没有优秀的理念，只有脚踏实地的结果。所以不要用你的理念去整合别人，而是你创造的价值给别人带来的好处。你的项目，就像刚才你讲的一样，需要良好的身体，需要跑长跑，这个项目需要跑长跑，我并不一定认为一定要找VC（风险投资商），有时候过几年再找VC（风险投资商）也不错，不一定开始就找。您刚才讲到风险投资投你钱了，你用资本说话，永远不要让资本说话，让资本赚钱。让资本说话的企业家我觉得不会有出息，真正的是听资本的，但不让他们说话，我就听他们的，他们想干吗，听股东的，最重要的是你让资本赚钱，让股东赚钱。如果有一天你拿到很多钱，你坚持今天的原则，做你认为可以赚钱的，我相信有一天资本一定会听你的。①

马云在点评创业选手石乐华时，特别告诫石乐华，"不要用自己的理念去整合别人，而应该用自己创造的价值给别人带来好处。"

马云坦言："公司还很小的时候千万别去讲理念，别人不一定认同你的理念，但是都会按照你说的做。要让别人说你的理念好，自己千万别说自己的理念好，那样就会没完没了地吵架，你吵过了别人，别人就认同，吵不过的就会有看法。因为理念是很难考量的，只有结果可以考量。我认为有结果未必是成功，但是没有结果一定是失败。②"

可以说，马云的这番点评发人深省，因为在创业道路上，真正愿意去评点创业者的创业家并不多。因为这可能与中国自身的文化传统有关。不过，马云告诫创业者，敢想不如敢干，只有这样，才能做到无怨无悔。

---

① 《赢在中国》项目组.马云点评创业[M].北京：中国民主法制出版社，2007.
② 赵文锴.马云创业真经[M].北京：中国经济出版社，2011.

TWO 第二章

敢想敢干方能创业成功

创业最需要的就是敢想敢干的胆量。
——阿里巴巴创始人 马云

■ 务实的创业精神

> 成熟的胆量和魄力也不是那种因受辱而怒发冲冠、忘乎所以的"匹夫之勇";它离不开智慧、谋略上的自信。这一点(在成为"英语奇才"的过程中)马云当然不缺。
> ——《从"三生"中走出的优秀成功人才》
> 作者 夏训武

必须承认,从现阶段的中国国情来看,创业是最容易实现自己价值的一个重要途径,但前提是创业者必须拥有足够的、敢想敢干的创业胆量,及其务实的创业精神。

对此,马云十分赞成,马云多次在青年创业论坛上对此发表演讲,强调敢想敢干的创业胆量的重要性。

在中央电视台经济频道《赢在中国》栏目中,马云在点评创业选手时就谈到过胆量在创业时的作用。

马云说:"创业,最需要的就是胆量与勇气。因为这个世界就是这样,你要有梦想，你还要有胆量、毫不妥协的信念和实现梦想的决心和行动，才会赢。"

在点评创业选手时，马云自己还回忆了曾经一次"见义勇为"的经历。

很多年前，马云的名气非常有限，甚至没有什么名气。然而，马云却做了一件令人非常震撼的事情。

一天晚上，马云像往常一样骑着自行车拐进了一条较偏僻的马路。然而，这一次不同的是，马云在较远的距离就看见五六个身材魁梧的彪形大汉正逐个撬起路上的窨井盖并往一旁搬。

马云顿时意识到，这五六个身材魁梧的彪形大汉在盗窃井盖。尽管身材单薄，而且身材不够魁梧的马云环顾四周后发现，四周根本就没其他人。

在危急之下，马云跨下自行车，对着五六个身材魁梧的彪形大汉大吼一道——"把它搬回去！"

当一声棒喝之后，五六个身材魁梧的彪形大汉居然停了手，在他们旁却跳出了灯光师、摄像师。

让马云没有想到的是，这是杭州电视台为测试市民素质而故意布置的"场景"。而马云成了当晚无数往来路人中第一个敢站出来厉声制止的见义勇为者。[1]

马云当年的这次见义勇为，只是马云自身潜质所表现出来的东西而已。如今的马云，应该说是中国诸多创业者比较成功的一个。

究其原因，是胆量让马云发现了自己经营企业的潜力。事实证明，敢于做"第一个吃螃蟹的人"的马云，无疑彰显了他非凡的胆量。

遗憾的是，现实生活中，很多有眼光的人却没有足够的胆量，致使创业计划一改再改，一拖再拖，最终化为泡影。因此，要想创业成功，就必须不仅要想，更要做，而且还比拥有务实的创业精神。所以，对于任何一个创业者而言，创业不仅需要商业眼光，而且更需要务实的创业精神。

在这里，我们来看看马云在2001年第89届广交会阿里巴巴会员见面会上

---

[1] 顾一琼.创业时还需培养良好心态[N].文汇报，2006-08-19.

回答会员的提问。①

1999年3月,我去新加坡出席亚洲电子商务大会,发现85%的演讲者是美国人,85%的听众是美国人,举的例子全是美国的。我觉得这里面肯定有问题,我就站起来说,我也不知道问题是什么,但我觉得"亚洲是亚洲,美国是美国,中国是中国"。当时我有一个想法就是要找出一个中国和亚洲特色的东西。

首先,我发现亚洲企业有一个特点,就是"宁为鸡头,不为凤尾",大家都想自己做老板。

第二,互联网的特色是个性化,而不是集团化。网络的用户是以个人为中心,而不像EDIEDI,即electronic data inter change的缩写,中文译为"电子数据交换"。它是一种在公司之间传输订单、发票等作业文件的电子化手段。

我另外一个发现是,大家在游长城时总喜欢在城墙上写上"××到此一游",这表明BBS是亚洲喜欢的东西。

我还有一个观点是互联网时代不是信息太少,而是信息太多,所以我觉得要做一个信息精,做一个亚洲任何企业都会用的东西,为中小企业服务。美国的模式是以大企业为主,它们的工作是把自己的供应商搬到自己的网站上来,它们一套软件要100万美元。中国没有多少企业买得起100万美元一套的软件,即使买得起,也不一定用得好,中国企业的流程不一样。中国特色的B2B就是Business people to Business people。

后来的事实证明了马云的判断,也证明了阿里巴巴盈利模式的正确。为此,一些教授和媒体称赞马云,说马云非常有远见,在1995年就看到了互联网的商机。当马云听到这样的赞美却不领情,马云认为,他只是刚好触碰到了互联网。只是自己把握商机的能力比较独特,尤其是自己敢作敢为。②

马云的观点很有代表性,阿里巴巴不是计划出来的,而是"现在、立

---

① 马云.在2001年第89届广交会阿里巴巴会员见面会上回答会员提问[EB/OL].2014. http://read.dangdang.com/content_740668.

② 佚名.马云:探索属于自己的创业模式[EB/OL].2014.http://chuangye.umiwi.com/2011/1115/48391.shtml.

刻、马上"干出来的。确实，在每一个阶段，作为一个有思想的人，其想法何止千万个，但是真正地把想法付诸实践的人却寥寥无几。事实证明，马云取得创业成功，并不是一个偶然，而是必然的。

■ 创业仅仅只有高智商是永远不够的

> 创业是最容易实现自己价值的一个重要途径，但前提是创业者必须拥有足够的敢想敢干的创业胆量。
> ——阿里巴巴创始人 马云

在很多场合下，很多创业者都习惯地认为，但凡创业成功的创业者，肯定是一个智商较高的人。然而，在实际的创业路上，创业不仅需要智慧，更需要眼光和胆量，及其敢想敢干的创业精神。

对此，马云十分赞成，他多次在青年创业论坛上对此发表演讲。马云说："纵然有勇无谋只能做个莽夫，但有谋无勇也只能做个懦夫。"因此，对于任何一个创业者而言，特别是在21世纪的今天，创业仅仅只有智慧是永远不够的。

而在文明程度较高的现代社会里，教育的发达和信息技术的高超让大多数人都有一定的"眼光"，但眼光和胆量，及其敢想敢干的创业精神却绝非是人人都能具有的。从这层意义上说，智慧，只是眼光和胆量，及其敢想敢干的创业精神的一个组成部分。

在很多时候，有创业想法的创业者比比皆是，但是真正将创业想法化为行动的人就寥寥无几，更别提将创业企业做成一定规模。

可以说苹果创始人史蒂夫·乔布斯就坦言："领袖和跟风者的区别就在于创新。"在很多时候，特别是在很多企业家论坛上，不管是政府的领导者，还是企业的经营者都在强调"创新无极限"，只要把创业的想法敢想敢做，拥有创业想法的人就可能是中国的乔布斯，或者就是下一个马云，没有什么不可能。

不可否认，在创业的道路上，马云如果没有创业的想法和敢想敢做的创业胆量，那么马云不可能拥有今天的成就。

马云提醒那些即将创业，或者正在创业的人："在创业者追求成功的道路上，第一个要素就是要有敢想敢为的胆量。"

事实证明，在创业者追求成功的道路上，第一个要素就是要有创业的想法、敢想敢做的胆量和决心，否则谈创业成功也就毫无半点意义。

20世纪90年代，时任杭州电子工业学院英文及国际贸易讲师的马云在1995年4月砸掉铁饭碗，从教师的岗位上辞职。

其后，马云创办中国黄页。马云成为第一个敢吃螃蟹的人，但是跟风者也闻之而动。没多久，即在1995年底至1996年初，当时浙江省杭州电信也看到了中国黄页的巨大商业潜力。于是也做了一个中国黄页。

面对杭州电信的直接竞争，马云不得不想其他办法。为了解决竞争问题，在1996年3月，马云将中国黄页和杭州电信创办的黄页合并。

由于在经营战略上存在截然不同的方向，在1997年，马云不得不转让中国黄页的21%股份，彻底与杭州电信分道扬镳。接下来马云带着5个兄弟为中国国际电子商务中心苦干了15个月，由于股权问题，马云再一次选择了放弃。[1]

反观马云的创业历程，不难看出他身上的敢想敢干的意识，在20世纪80年代，铁饭碗观念根深蒂固，从杭州电子工业学院辞职下海经商，在对未来不确定的情况下，敢于做这样的决定，实在令人敬佩。

马云敢想敢干的创业经验值得肯定。当然，马云的创业成功并非个案。而中国企业家协会副会长、远东控股集团有限公司董事局主席蒋锡培的创业路径却又非常相像。

众所周知，蒋锡培的创业经历丰富而坎坷——蒋锡培曾经当过修表匠，以25万元资金创业。如今20年过去了，远东控股集团的资产已经达到了83亿元。

蒋锡培的创业成功，有什么创业秘诀呢？对此，蒋锡培在腾讯《商业人

[1]谭古.浙商创业精神解读[J].科技创业，2007（1）.

生》栏目做客时，就谈到过往岁月以及如何的蜕变，蒋锡培表示，其实企业家最重要的是这样几点：第一要有眼光；第二要有胆量；第三要不停止脚步；第四要有相应的能力；另外就是非常真诚的性格。

同样，来岛船坞企业集团创始人坪内寿夫对"创业必须要有足够的胆量"的观点十分赞同，他在接受《朝日新闻》采访时强调："只要肯做，任何事情都可以做到。但大部分人还没有去做，就说做不到，首先要除去这种心理。一旦努力作为，七成以上的成功率是跑不了的。"

研究发现，在中国创业者十大素质中，胆量就排在第八位。足以看出胆量在创业中的重要作用。同时，《科学投资》杂志研究了国内上千例创业者案例发现，中国大陆地区创业者基本可以分成以下三种类型：生存型创业者；变现型创业者；主动型创业者。

不管是哪类创业人群，其迈出创业第一步都是需要胆量的。毕竟创业就意味冒险，特别是在20世纪八九十年代，中国刚开始改革开放，很多不确定因素依然存在。

据北京华夏圣文管理咨询公司在2007年做过一项调查显示，85.47%的年轻人都有创业意向，但真正付诸实施的却只有7%。这颇值得探究。

可能正如一些业内专家认为的那样，创业面临着更多的困难，比如创业环境、投资政策、创业时机未到、好项目有限、启动资金筹集难等等，这些都是理由。

研究发现，从20世纪90年代中后期以来，中国出台了一系列帮扶政策，国内的创业环境已有了很大的改善，为什么还是有那么多有创业意向的年轻人不能将创业计划付诸实施呢？

在很多场合下，马云坦言："创业环境、投资政策等因素绝对不是有创业冲动的人不去实现梦想的关键因素，但在我看来，这却不是最重要的理由。最重要的理由只有一个：不愿冒险、缺乏足够的敢想敢干的创业胆量，及其务实的创业精神。"

就算是创业想法再好、创业环境再好，如果缺乏足够的敢想敢干的创业胆量，及其务实的创业精神，那么这样的想法也永远是想法而已。因此，是否拥有冒险、足够的敢想敢干的创业胆量，及其务实的创业精神才是决定一个创业者成功与否的重要因素。

THREE 第三章

创业者首先要敢于实现自己的梦想

　　再困难也不要忘记第一天的梦想，每个创业者第一天创业的梦想都是最美丽的，永远不要忘记自己第一天的梦想，你的梦想是世界上最伟大的事情。

——阿里巴巴创始人　马云

■ 创业者，首先要给自己一个梦想

> 如果你不去采取行动，不给自己梦想，一个实践的机会，你永远没有机会。
>
> ——阿里巴巴创始人　马云

　　谈及梦想，我想读者都会想起著名的美国民权运动领袖马丁·路德·金（Martin Luther King），在1963年8月28日在林肯纪念堂前发表《我有一个梦想》（I Have A Dream）的演说。

　　在该演讲中，其内容主要关于黑人民族平等，不仅对美国，甚至对世界影响很大。众所周知，不仅马丁·路德·金有梦想。作为狂奔在创业之路上的创业者而言，梦想也同样存在。对此，马云在多个场合下告诫创业者说："在创业之前，创业者首先要有一个梦想，这很重要。你没有梦的话，为做而做，别人让你做是做不好的。第二要有毅力，没有毅力也做不好。"

同样，作为美丽说创始人的徐易容在接受媒体采访时表示："创业要有梦想，而不是理想。梦想由你的心决定，它不一定成真，但你会喜欢，而理想由大脑决定，容易给自己太大的压力。如果有梦想，那就坚持，顺势而为。"

由此可见，创业者能否成功，取决于创业者是否有梦想；创业者成功的高度，取决于创业者梦想的大小。在20世纪90年代的中国大陆地区，翻天覆地的变化正在如雨后春笋般发生，中国改革开放的总设计师邓小平发表了南方讲话，这是一系列对于中国的改革发展有着决定性意义的"重要讲话"。于是，在生机勃勃的中国大地上，一大批"追梦者"开始了追寻梦想的征程。马云是其中一个。[①]

实践证明，但凡世界上一切触手可及的，都是梦想成真的结果。创业者如果没有梦想，那么对创业者来说其创业成功的可能性很小。

马云在公开场合说："怎么做企业，做企业到底什么最核心？我认为做企业首先要有伟大的梦想，要有伟大的使命，我们这几年有伟大的使命，我们的使命是阿里巴巴让天下没有难做的生意。"

马云坦言，创业者要想成功，前提是创业者要先有梦想，才能实现梦想。于是马云毅然辞职创业。

让读者可能没有想到的是，此刻的马云，其事业可谓是一帆风顺，小有成就。在过而立之年成为浙江省杭州市"十大杰出青年教师"，也是杭州电子工业学院驻外办事处的主任。

然而，校长被马云的辞职创业举动震惊了，在震惊之余还是极力地挽留马云。在挽留无果的情况下，校长对马云留下了一条后路："你什么时候想要回来，这里永远都欢迎你！"

就这样，追逐梦想的马云，放弃了在学校中所有的地位、身份和良好的待遇，毅然决然告别了朝夕相伴的校园，踏上了追逐梦想的征途。[②]

开始创业的马云跟其他创业者一样，时常遭遇挫折。甚至马云自己觉得反正已经倒霉，这个不成，那个也不成，那么再做10年倒霉也无所谓了，毅力很重要。

---

① 佚名.中国互联网商务鼻祖——[EB/OL].2014.http://blog.sina.com.cn/s/blog_63ebc3d90100jp5z.html.
② 冯雷钢.和马云一起创业[M].北京：中国工人出版社，2008.

经过一番思索，然而，马云却坚持自己的梦想，继续前行。后来马云在接受媒体采访时说："我们还是坚信一点，这世界上只要有梦想，只要不断努力，只要不断学习，不管你长得如何，不管是这样，还是那样，男人的长相往往和他的才华成反比。今天很残酷，明天更残酷，后天很美好，但绝大部分人是死在明天晚上，所以每个人不要放弃今天。"

事实证明，创业的过程，其实就是"追逐梦想"的过程。反观马云的创业历程，其实就是一个不停地追逐着自己一个又一个梦想的过程，我们的创业者还在等待什么？拿出你的勇气，开始追梦吧！创业是追寻自己梦想的征途。但是，只有梦想是不够的，还要有把梦想变成现实的能力。[1]

■ 坚持梦想，把事情做到极致

> 人永远不要忘记自己第一天的梦想，你的梦想是世界上最伟大的事情，就是帮助别人成功。
> ——阿里巴巴创始人　马云

在创业的过程中，很多创业者不是没有梦想，而是让人偷走了梦想。所以，创业者要想创业成功，就必须坚持自己的梦想，把事情做到极致，这样才能创业成功。

阿里巴巴在创办之初，非常弱小。而马云就梦想："很多人都懂得怎么赚钱，世界上会赚钱的人很多，但世界上能够影响别人，完善社会的人并不多，如果做一个伟大的公司，你就得做这些事。这个使命不是盈利、上市，而是改变世界，尤其是中国商业世界的规则。"

然而，马云的这个梦想引来了无数看笑话的人。事实证明，创业是一个艰难的过程中，一些创业者因为缺乏梦想而贸然创业。

---

[1] 常桦.创业教父[M].北京：中国华侨出版社，2010.

这样的创业无疑会遭到失败。反观马云的创业之路，梦想始终指引着马云。而在阿里巴巴做强做大的过程中，马云在公开场合坦言：

"我的四大天王，每人至少能管理1000亿元人民币以上的公司，八大金刚，管理500亿元，十八罗汉管理300亿元，四十太保，至少10亿元。别人说阿里巴巴是黄埔军校，我们就是要做这个事，但不要刻意做这个事。结果是我们为中国互联网产业，新经济产业培养和造就了大量优秀人才。10年之后，我的考核指标是：世界500强中的中国企业的CEO有多少是从阿里巴巴出来的。这帮人培养出来以后，对中国经济的影响就大了。那时就会形成吸收了美国全球化战略和日本严谨管理风格，又融合了中国太极的中国流派和中国方阵，那时中国军团在全世界的声音就不会是现在这么点儿！"

在创业的这条路上，马云引领着一群创业者为了梦想而前行。而一呼百应总裁戴森也是其中之一。在第二届广东行业网站沙龙的聚会上，戴森分享了自己的创业经验，他说："创业者需要有梦想、有野心、有实干和坚持。"

戴森还告诫了参加沙龙的100多家行业网站创业者说："创业者必须要有梦想，并且梦想越大越好，因为梦想是创业路上的动力源泉，要知道任何创造成功的过程都一定会历经不同的困难和痛苦。如果一个没有梦想的创业者，他一旦遇到困难或挫折，首先放弃的往往是梦想。很多的创业者都是白手起家的一族，当我们选择了创业，就得把梦想变为与自己共存亡的东西，千万不可放弃。哪怕是置身于生死边缘的汪洋之中，只要还能抓住一棵浮草，只要还有梦想和你生死与共，就得努力地抓住往上爬，只要梦想永在，坚持努力梦想就总有实现的时候。"

从戴森创业经验中不难看出，创业者需要有梦想，而且只有梦想的创业者才能坚持到最后。

反观中国的创业名家，不管是创业教父马云，还是创业大师牛根生，他们都在很多企业家论坛上谈到梦想对于创业成功的重要性。

在一个创业论坛上，马云和牛根生异口同声地忠告创业者："创业者首先要有梦想，如果没有梦的话，为做而做肯定做不好。"

在马云看来，"有梦"是创业者最起码的先决条件。马云说："我觉得创在很多场合下，马云经常告诫创业者，关于兴趣的重要性。马云坦言，创业是一段艰辛的历程，如果创业者不喜欢，或者不爱做那样的事情，最好不要去创业，这样不仅不会创业成功，而且总是被挫折折磨得灰头土脸，还会失去追求快乐人生的目标。

在2007年4月15日的中央电视台经济频道《赢在中国》36晋级12的比赛现场。作为创业选手的吴鹏介绍了他的创业项目。

吴鹏介绍说："尊敬的各位评委和现场各位来宾大家好，我将从下面四个部分阐述我的项目，滚动传媒。首先滚动传媒的介绍，滚动传媒是利用美国高科技电动环保车为载体，依靠它的独特性和互动性在国内打造成新的媒体公寓，为国内外广告主在国内的营销活动中和媒体发布活动中提供一个新的媒体平台。我们称这个电动车为滚动传媒电动媒体车。第二滚动传媒的盈利模式和市场，滚动传媒的盈利模式为向广告主收取电动媒体车的租金及收取渠道媒体的广告发布费。目前中国广告业在全世界排第二，在线下大概有400亿元的市场份额，滚动传媒的目标是在2009年在未来两年中占有千分之一的市场份额。2006年滚动传媒的业务收入是380万元，滚动传媒成本公司运营成本实际90万元，实现当年收回成本及盈利。第三，我们将立足北京、把握奥运商机，并在上海、广州、深圳及其他省会城市打造滚动传媒圈。"

当吴鹏介绍完自己的创业项目后，马云评点时说：

"26号选手的项目不靠谱，也许我们时间太短，但是我还是很欣赏你的激情、你的投入，感觉你这个人更像社会学家，搞团工作组织活动不错，我听见这个项目里面缺乏一些商业意识，也许又是江南春害的。看了江南春以后，我觉得大家都觉得江南春独闯商业广告模式，创业者最重要的是非常喜欢这件事情，太爱这件事情而去做，不是因为别人一句话灵机一动去做，创业者就想做好它，喜欢它，做梦也为他做的事情，再往前走可能会更好一些。刚才你回答史玉柱的问题，你会一万元拿20%奖励那个人的努力，尽管那个人没完成工作或者怎么样，但我觉得我们应该为结果付报酬，为过程鼓掌，你很努力我鼓鼓掌，请你吃饭喝酒，但是没有结果就是没有结果，报酬一定付给结果，鼓掌是要给过程。"

在马云看来，选择喜欢的行业和项目，创业者才会有动力。作为每个创业者，肯定都有自己的爱好和一技之长。一旦创业者选择了自己不喜欢的行业作为创业领域，那么创业成功的可能性无疑就很小。相反，如果创业者选择了自己的兴趣和爱好的行业作为创业领域，不仅提高创业成功的概率，而且还会事倍功半。

毋庸置疑，兴趣也能变成一份事业，只要创业者坚持自己的信念，就会守得云开见月明。创业，有时候就是真的这么简单。

在某期《绝对挑战》中，阿里巴巴旗下的淘宝网招聘商务谈判经理，当时，马云问了三个问题，其中一个问题是：

"如果你感兴趣的事情你的上司偏不让你做，而你不感兴趣的事情，上司偏让你做，这时候，你会怎么办？"

当时二号选手说："和上司沟通。"

"如果沟通不成呢？"

二号选手说："那我要告诉他，不为结果负责任。"

马云先生意味深长地点了点头。

从马云的话中不难看出，创业者最重要非常喜欢这件事情，太爱这件事情去做，即一万个想法还不如一个行动。对此，一些心理学家所做的一项归纳研究证明，自己喜欢做的事情，其成功率更高。

MA YUN
BUSHI TELI

第二部分
成功创业其实都可以复制

我想证明一件事情，如果马云可以成功，中国80%的年轻人都可以成功，凭什么只有有关系的人可以成功，凭什么只有胆大的人可以成功，成功者必须有智慧和诚信，因此世界的开放正在加快。

——阿里巴巴创始人　马云

第一章 ONE

尽可能给公司起个好名字

> 阿里巴巴这个名字很好，第一人家记得住，全世界的发音都一样。然后我觉得阿里巴巴是一个比较善良正直的青年，他希望把财富给别人而不是自己抓财富。
>
> ——阿里巴巴创始人　马云

■ 给公司起个让全世界都能记得住的好名字

> 因为最早创立这家公司的时候，我们希望它能成为全世界的十大网站之一，也希望全世界只要是商人一定要用我们。所以我们后来说这英文叫open sesame，给中小型企业网上芝麻开门。
>
> ——阿里巴巴创始人　马云

在创业的过程中，一个被很多创业者忽略的问题，那就是在创业中，忽略公司名称对于品牌塑造和传播的重要性。

这就使得很多创业企业的名称和品牌塑造遭遇难题，从而很难提升品牌的知名度和影响力。

莎士比亚说过，玫瑰不管取什么名字都是香的。实际上并不尽然。在马云看来，创名牌必须从起公司名称开始，这一说法有其道理。

估计读者非常好奇，马云为什么将自己的B2B网站名称起为神话故事的名字？关于这个问题，马云在很多场合都谈到过。

马云说："因为最早创立这家公司的时候，我们希望它能成为全世界的十大网站之一，也希望全世界只要是商人一定要用我们。你既然有这样一个想法你需要有一个优秀的品牌、优秀的名字让全世界的人都记得住，没有想在中国做一个网站，是想在全世界做一个网站，那时候就想了好多天，想个什么名字比较好，最后觉得阿里巴巴这个名字很好，第一人家记得住，全世界的发音都一样。然后我觉得阿里巴巴是一个比较善良正直的青年，他希望把财富给别人而不是自己抓财富。所以我们后来说这英文叫open sesame，给中小型企业网上芝麻开门。"

客观地讲，在阿里巴巴的品牌塑造中，"阿里巴巴"的品牌标识上都非常有创意，在品牌名称上，似乎就已经胜出。

在创建阿里巴巴网站时，当时的创业资本只有区区50万元。尽管创业资本很少，但是马云在公司名称问题上却从不吝啬。马云的理由是，未来的公司应该具有俯瞰世界的眼光和气魄的潜质，所以公司名字应该起一个响亮的、国际化的名字。

研究发现，不管是中国，还是境外，不少精明的创业者早在这方面开始着手了，他们为了有一个好的新颖的、悦耳的公司名称，有的公司名称经过好几次更名，甚至有的公司名称是通过举办征名活动，最后综合起一个好听的、朗朗上口的公司名称。

正如应用开发公司Arkenea的创始人拉胡尔·瓦沙尼亚（Rahul Varshneya）告诫创业者的是，在起企业名字时，"你需要一个具有粘性、朗朗上口、简单、易懂且让人觉得饱含故事的企业名字。有很多方法来为你的创业公司命名：可以是你的主要业务，可以是你能给顾客带来的利益，或者是混搭创始人的名字，当然你也可以通过众包的方式来帮你完成命名。如果你愿意花钱去打造一个响亮的名字，你可以尝试Namella，这里提供为创业公司命名的服务。"

据资料显示，美国权威调查机构格罗斯曼公司就曾经以"品牌名和销售效果相关研究"为主题，对美国本土内行销的数十万个品牌中的500个品牌进行研究，发现了三个惊人的事实，见图1。

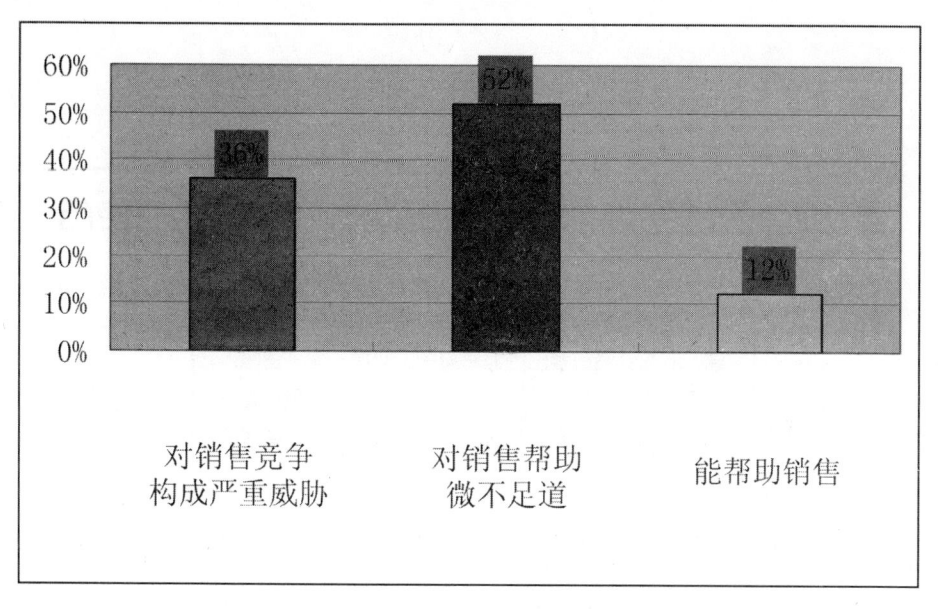

图1 品牌名和销售效果相关研究结果

从图1可以看出，（1）有36%的品牌名称，对销售竞争构成严重威胁。（2）有52%的品牌名称，对销售的帮助微不足道。（3）只有12%的品牌名称能帮助销售。

在图1中，从格罗斯曼公司就曾经以"品牌名和销售效果相关研究"的研究结果来看，在给公司起一个好"名字"这个问题上，创业者还是应该重视的。

对于任何一个创业者而言，要打造成百年老店，创业者就必须在这个方面倾注更多的精力。当然，创业者付出的心血也就相应要多一点。比如，美国企业界里，平均每年"改名"或"换姓"的企业至少也在四五千家以上。被迫改名者更是不计其数。

不可否认的是，马云费尽周折地将网站取名为阿里巴巴，其目的同样意味深长。因此，可以肯定地说，创业者要想打动消费者的消费心理，一个重要的商业策划和决策便是给公司起个好名字，它将左右公司的经营业绩。

■ 阿里巴巴品牌名称背后更是102年老店的使命

> 一个新颖、悦耳的公司名称宛如一曲动人的歌谣，滋润着消费者已经沧海桑田的心境；如一首感人肺腑的诗篇，给消费者以爱的温暖和美的享受；如一杯浓烈的故乡老酒，唤起消费者无垠的遐想和缕缕的乡愁。
>
> ——作者

在创业过程中，对于任何一个创业者而言，在注册公司之前，必须给创业企业起一个新颖的公司名称，因为一个新颖、悦耳的公司名称宛如一曲动人的歌谣，滋润着消费者已经沧海桑田的心境；如一首感人肺腑的诗篇，给消费者以爱的温暖和美的享受；如一杯浓烈的故乡老酒，唤起消费者无垠的遐想和缕缕的乡愁。

当起公司名称的方向——"响亮的、国际化的"定了以后，马云为了给刚创建的网站起一个朗朗上口，而且能看过就记住的好名字，马云为此下了不少功夫，但是都不满意而重新再起。

然而，一次偶然的机会却改变了马云起名的思路。在美国出差期间，马云在餐厅吃饭时，一丝灵感一闪而过，马云突然想到，商业潜力巨大的互联网就像一个无穷的宝藏，等着人们去发掘。

这样的商业情景与童话故事《一千零一夜·阿里巴巴与四十大盗》中"阿里巴巴"的故事非常相似。

在《阿里巴巴与四十大盗》故事中，善良、吃苦耐劳的弟弟阿里巴巴在无意间凭着一句"芝麻，开门"打开了通往财富的大门，尽管这个过程曲折，但是阿里巴巴却成为了这些财富的主人——阿里巴巴彻底根除了隐患，从此他安心地经营生意，过着富足的生活。

在这以前,由于顾虑匪徒,也为谨慎起见,阿里巴巴自哥哥戈西母死后,再也没到山洞去过。后来匪首和匪徒一个个伏法被诛,又经过了一段时间,他才在一天清晨,独自骑马进山,来到洞口附近,仔细观察了周围的情况,在证实确实没有人迹,心中有了把握后,他才鼓足勇气,走近山洞,把马拴在树上,来到洞前,说了暗语:"芝麻,开门吧!"

同过去一样,洞门随着暗语声而开。阿里巴巴进入山洞,见所有的金银财宝依然存在,原封不动地堆积在那里。由此,他深信所有的强盗都完蛋了。也就是说,现在除了他自己外,没有一个人知道这宝窟的秘密了。于是他又装了一鞍袋金币,运往家中。

后来阿里巴巴把山中宝库的秘密告诉了他的儿子和孙子们,并教他们开关和进出山洞的方法,让他们代代相承,继续享受宝库中的无尽财富。就这样,阿里巴巴及其子孙后代一直过着极其富裕的生活,成为这座城市中最富有的人家。①

此刻的马云就像那个善良、吃苦耐劳的弟弟阿里巴巴一样,其商业宗旨是要为商人们敲开财富的大门。

想到《阿里巴巴与四十大盗》的故事,马云异常兴奋。于是,立即客气地把餐厅服务员叫过来。马云当场问该餐厅服务员是否知道"阿里巴巴"这个名字时,得到的答案是肯定的。该餐厅服务员说:"Yes,Alibaba——Open Sesame!(我知道,阿里巴巴——芝麻开门!)"

尔后,在很多场合下,马云又问了很多人,得到的答案绝大部分是肯定的。在很多大城市中,几乎所有人都知道阿里巴巴的故事,特别是美国人、英国人、印度人等的英语国家,只要懂英语,就能拼出"Alibaba"。

而阿里巴巴这个名称不论语种,还是阿里巴巴这个词的发音也近乎一致。于是,马云就这样把阿里巴巴作为公司的名称。

正当马云为自己想出了一个朗朗上口、世人皆知的公司名称而暗自欣喜时,激动不已的马云前去注册阿里巴巴这个域名。

然而,让马云没有想到的是,马云却被告知"阿里巴巴"这个域名已经被人注册了。通过多方打听后得知,阿里巴巴这个域名两年前被一个加拿大人抢先注册了。尽管如此,马云还是坚决要购买这个域名。

---

① 佚名.阿里巴巴与四十大盗[EB/OL].2014.http://baike.baidu.com/view/170166.htm.

尽管当时作为创业者的马云，仅仅只有50万元的创业资本，但是马云却不惜花费1万美元，从那个加拿大人手中购买了"阿里巴巴"这个域名。1万美元的代价对于当时的马云来说依然很大，但是与谷歌斥资百万美元赎回两个CN域名相比，马云当初的花费还是非常便宜的。

拿下阿里巴巴域名的马云，而且同时将阿里妈妈（alimama.com）、阿里贝贝（alibaby.com）等域名注册了。马云说："阿里爸爸、阿里妈妈、阿里贝贝本来就应该是一家。"

可能创业者疑惑的是，马云花1万美元购买阿里巴巴域名，而马云将网站取名为"阿里巴巴"其实有更深一层的含义。这个阿里巴巴的公司名称不仅朗朗上口，而且还肩负起102年老店的使命。

马云说："叫阿里巴巴不仅仅是为了中国，也为了全球。我们的事业不仅是为了赚钱，而且是为了创建一家全球化的、可以做102年的优秀公司。"

毋庸置疑，尽管阿里巴巴的创业模式非常有潜力，但是其公司名称还必须有叫得响的好名称。

在娃哈哈的起名中，娃哈哈创始人宗庆后也与马云有着同样的想法。资料显示，宗庆后在与有关院校合作开发儿童营养液这一冷门产品时，宗庆后就非常重视"取名"，为此为这事就花费了不少人力物力。

一方面通过新闻媒介，向社会广泛征集产品名称，然后组织专家对数百个应征名称进行了市场学、心理学、传播学、社会学、语文学等多学科的研究论证。[①]

然而，在产品起名中，源于深受传统产品，特别是某些营养液起名思维的影响，征得的产品名称多在素、精、宝之类。

而让宗庆后眼前一亮的就是"娃哈哈"。这个产品名称源于那首知名歌曲："我们的祖国像花园，花园里花儿真鲜艳……娃哈哈，娃哈哈，每个人脸上笑开颜。"

在众多产品名称中，宗庆后却独具慧眼地看中了源自一首新疆儿歌的"娃哈哈"三个字。宗庆后的理由有以下三个，见表3：

---

① 佚名.娃哈哈如何进行品牌决策[EB/OL].2014.http://www.doc88.com/p-479426117664.html.

表3　起名娃哈哈的三个理由

(1)	宗庆后认为,"娃哈哈"三个字中的元音a,是孩子最早最易发的音,非常容易模仿,而且这三个字发音响亮,音韵和谐,容易被人们记忆,因而娃哈哈也容易被接受。
(2)	在娃哈哈三个字中,而哈哈从字面上解读,"哈哈"这两个字是人们表达欢笑喜悦的。
(3)	宗庆后认为,同名儿歌以其特有的欢乐明快的音调和浓烈的民族色彩,唱遍了天山内外和大江南北,把这样一首广为流传的儿童歌曲与产品商标联系起来,人们很容易熟悉它、想起它、记住它,从而提高它的知名度。

从阿里巴巴、娃哈哈的公司名称可以看出,新颖、悦耳的公司名称就像俗语中说的那样:"铺名叫响,黄金万两。"一言以蔽之,取这样一个别致的商标名称,可大大缩短消费者与商品之间的距离。宗庆后的见解得到了众多专家的赞同。①

其实,"铺名叫响,黄金万两"这句话恰当地概括了公司名称对于提升公司销售业绩的重要作用,特别是在商业空前繁荣的现代社会,企业竞争惨烈,竞争者如同雨后春笋一般涌现出来。

---

① 佚名.娃哈哈如何进行品牌决策[EB/OL].2014.http://www.doc88.com/p-479426117664.html.

第二章
创业者最关键的是敢于创造条件

> 今天很残酷,明天更残酷,但后天很美好,绝大部分人死在明天晚上!所以我们必须每天努力面对今天!
>
> ——阿里巴巴创始人 马云

■ 没有万事俱备,只欠东风之时

> 很多人讲,我企业做不好是因为没钱、我缺钱,我觉得,有这种想法的人,基本上是做不成大企业的人。钱是资源,不可以没有,但光有钱一点用都没有!
>
> ——阿里巴巴创始人 马云

在很多场合下,很多想创业的人不是埋怨缺乏启动资金,就是抱怨缺乏"关系",反正就是创业最佳时期没到。

然而,马云却对这类创业者嗤之以鼻。在马云看来,要想创业成功,作为有创业想法的人,最重要的就是敢于创造条件,从而达到创业成功。

马云却用自己的真实案例来说明敢于创造条件是成功创业的关键因素之一。不信,我们来看马云的自述[①]。

[①] 马云.不给梦想机会,你永远没有机会[EB/OL].2014.http://www.bnet.com.cn/2009/0807/1427262.shtml.

1995年，我偶然有一个机会到了美国，发现了互联网。回来以后请了24个朋友到我家里，大家坐在一起，我说我准备从大学里辞职，要做一个互联网。

2个小时后大家投票表决，23人反对，1人支持。大家觉得这个东西肯定不靠谱，别去做那个，你电脑也不懂，而且根本不存在这么个网络。

但是我经过一个晚上的考虑，第二天早上我决定还是辞职，去实现我自己的梦想。那为什么要这样呢？

……

如果你不去采取行动，不给自己梦想一个实现的机会，你永远没有机会。所以，我稀里糊涂地走上了创业之路，我把自己称做是一个盲人骑在一只瞎的老虎背上，所以根本不明白将来会怎样。

但我坚信，我相信互联网将会对人类社会有很大的贡献。当时1995年不太有人相信互联网，也不觉得有这么个互联网会对人类有这么大的贡献。所以我用了比尔·盖茨的名字，那时候我觉得互联网将改变人类生活的方方面面。但是马云说互联网将改变人类生活的方方面面，没有人会相信我，所以我就说比尔·盖茨说互联网将改变人类生活的方方面面，结果很多媒体就把这句话登了出来。但是这句话是我说的，1995年比尔·盖茨还反对互联网。

有了一个理想以后，我觉得最重要是给自己一个承诺，承诺自己要把这件事情做出来，很多创业者都想想这个条件不够，那个条件没有，这个条件也不具备，该怎么办？

我觉得创业者最重要的是去创造条件，如果机会都成熟的话，一定轮不到我们。一般大家都觉得这是个好机会，一般大家都觉得机会成熟的时候，我认为往往不是你的机会。你坚信这件事情能够做起来的时候，给自己一个承诺说，我准备干五年、干十年、干二十年把它干出来！我相信你会走得很久。

……

但是经过了五六年，我们这些人居然都很有钱，大家都有成就感。为什么？我觉得就是因为我们相信，我们是平凡的人，我们相信我们一起在做一些事情，所以我觉得创业者给自己一个梦想，给自己一个承诺，给自己一份

坚持是极其关键的!

可以说,马云的成功也体现了浙江商人的诸多特性。在《家族企业长盛不衰的秘诀》培训课上,有学员认为,浙江人聪明,天生就会做生意。

其实,这样的观点是不全面的。不可否认,浙江商人有着浓厚的重商精神,但是这样的重商精神是在恶劣的环境下被动走出来的。

这样的观点得到吉林省浙江商会会长缪明伟的认同。缪明伟在接受《长春晚报》采访时坦言,浙江商人之所以能被中国的任何一个城市所熟悉,之所以能遍布全国乃至世界各地,不是浙江人有做生意的天赋,对财富的嗅觉十分灵敏,而是"穷则思变"。

缪明伟说出这样的观点是有道理的,并不是天马行空的想法。缪明伟回忆说:"很久以前,从温州到杭州,要坐10多个小时的车。有一次他过年外出,在公路上遇到大雪堵车,一堵就是3天4夜,就是因为那时温州经济不发达,路况不好。温州的耕地很少,如果单靠种地,一家人都吃不饱饭,在这种情况下,为了生存,温州人只能走出去,到其他城市发展。"

在浙江,素有"七山两水一分田"之说。就算在经济发达的台州,农业人口人均拥有的土地面积仅为0.41亩。

可能有读者不明白0.41亩地,也就是说在这样的情况下,就算是种植农作物是养不活全家人的。那么如何才能解决温饱问题呢?就必须靠经商来贴补家用,用来维持整个家庭的开销。

台州不过是一个位于浙江省沿海中部的人多地少的城市,其实,整个浙江省也是这样。可能有读者认为,既然条件那么恶劣,浙江商人又是如何取得成功的呢?正像缪明伟所说的"穷则思变"。

当然,正是"穷则思变"思路的引导。"七山一水二分田"的贫瘠土地和资源激发了浙江农民要求生存创业的冲动,从而也催生了他们的经商意识。对此,缪明伟把商人的成功归结为三个必备因素:"一个是遗传因素;一个是环境因素;还有一个就是教育。而温州以及浙江商人的成功,主要就是受环境因素影响,可以不客气地说,浙江人经商是被'逼'出来的。"

在"浙商两会"节目中,主持人问全国人大代表,正泰集团董事长南存辉:"我觉得还有一个传统的问题,我来自江西,那边的农民刚刚包产到户,大家把所有的精力都放在田地里面了，就没有浙江的传统。"

南存辉认为："也不是传统。当时也是被环境所逼。江西可能土地资源丰富一点，富饶一点，也辽阔一点。那时的温州人口很多，很小的一块土地上面，人都是扎堆的。那时比较偏颇，当时交通不便，没有公路、没有铁路，也没有飞机，一条马路破破烂烂的，当时信息比较闭塞。在这样的环境下面逼迫着你去生存，这种吃苦耐劳的能创业的习惯，在这种环境下被逼出来了。一旦遇到了改革开放这么好的时代，就激发了大家的创造力。应该说一个企业的成功，一个地方的发展，跟天时地利人和都有关系。"

可以说，由于浙江省资源匮乏，生存环境较为恶劣，从而在改革开放的号角中，大批的浙江商人被唤醒。

不管是缪明伟、南存辉，还是马云，他们都证明了"创业者最关键的是敢于创造条件"这个亘古不变的真理。

其实，在浙江，像缪明伟、南存辉、马云这样的商人还非常多。这里的"穷则思变"其实就是在劣势中寻找优势、敢于创造条件罢了。

■ 创业者一定要想清楚的三个问题

> 我想创业者，一定要想清楚三个问题。第一，你想干什么，不是你父母要你干什么，不是你同事让你干什么，也不是因为别人在干什么，你需要干什么，而是你自己到底想干什么；第二，要想清楚该干什么；第三，我能干多久，我想干多久？
> ——阿里巴巴创始人　马云

要想创业成功，不仅敢于把创业想法付诸实践，而且更重要的是，作为创业者来说必须知道自己的创业项目，及其市场空间。否则，将可能失去最重要的创业时机。

针对此问题，马云认为，要想成功创业，作为创业者，一定要想清楚三个问题。在马云看来，创业者如果搞不清以上三个问题，那么创业成功的可能性较小。为了更好地让读者了解马云的创业经验，我摘取了马云"不给梦想机会，你永远没有机会"的演讲内容作为材料，让创业者明白搞清以上三个问题的重要性。以下是"不给梦想机会，你永远没有机会"的演讲内容（节选）[①]：

第一，你想干什么，不是你父母要你干什么，不是你同事让你干什么，也不是因为别人在干什么，你需要干什么，而是你自己到底想干什么。

想清楚想干什么的时候，你要想清楚：我该干什么？而不是我能干什么。

创业之前，很多人问，我有这个，我有那个，我能干这个，我能干那个，所以我一定会比别人干得好，我一直坚信，这个世界上比你能干，比你有条件干的人很多，但比你更想干好这个事情，应该全世界只有你一个人。

这样你就有机会赢，所以想清楚想干什么，然后就要想清楚该干什么，也要明白自己不该干什么。在创业的过程中，四五年以内，我相信任何一家创业公司都会面临很多的抉择和机会，在每个抉择和机会中，你是不是还像在第一天，像自己初恋那样，记住自己第一天的梦想，这个至关重要！在原则面前，你能不能坚持，在诱惑面前你能不能坚持原则，在压力面前你能不能坚持原则？

最后想干什么，该干什么以后，再给自己说，我能干多久，我想干多久？这件事情该干多久就干多久！所以我想九年的经历告诉我，没有条件的时候，只要你有梦想，只要你有良好的团队，坚定地执行，你是能够走到大洋的彼岸的。

在马云的这个演讲中，阐述了创业者一定要想清楚三个问题的重要性。在马云看来，只有搞清楚上述三个问题，创业成功的可能性就增加很多。

---

① 马云.不给梦想机会，你永远没有机会[EB/OL].2014.http://www.bnet.com.cn/2009/0807/1427262.shtml.

■ 没有条件，必须创造条件

> 我觉得创业者最重要的是去创造条件，如果机会都成熟的话，一定轮不到我们。所以一般大家都觉得这是个好机会，一般大家都觉得机会成熟的时候，我认为往往不是你的机会。
>
> ——阿里巴巴创始人　马云

一个创业者问马云："在小型企业资本不大的情况下，如何尽可能在少花钱的前提下，快速地通过网络来发展自己的队伍呢？"这样一个问题。

而马云的答案是："阿里巴巴创业是从50万元开始的。阿里巴巴刚成立的时候，上亿元资本的企业也很多，但当时的那些企业现在怎么样？阿里巴巴现在怎么样？所以，企业发展跟有没有太多的钱没什么太大的关系。"

缺少现金流的创业者，在创业中所面临的最大的困难，就是把自己的技术，或者机会转化为货币。否则，一切都是空的。

在马云看来，创业从来就没有万事俱备的时候，即使筹集了创业资金，也未必能够创业成功。究其原因，创业是一项高风险的投资活动。

可见，要创业确实有一定的难度。但有难度，并不等于就是不能创业了。马云告诫创业者说："创业，在没有条件中创造条件。"

这正如"创业"一词中的"创"字，不仅仅是"开创事业"和"创收产业"的意思，还有"创造条件"的意思。所以，没有创业资金，并不能成为不能创业的借口。没有创业资金，创业者可以去借贷，也可以去寻求风险投资。只要创业者的项目确实好，创业者确实有创业的能力与精神，那么，没有创业资金，也不是横亘在创业道路上的绊脚石。

对于任何一个创业者而言，要想创业成功，就是在没有条件中创造条件，就像那种飞越太平洋的小鸟，靠一小截简单的树枝，立足、生存和飞翔。但尽管如此，我还是相信，很多的人，都认为没有钱难以创业。正如这位朋友所说的,创业需要资金,大的不说,光吃、住、行,得多少钱?一个人,先要生存下来,才能谈发展。①

在《不给梦想机会,你永远没有机会②》一文中,马云就告诫过创业者,只有敢于创造条件,创业才可能成功,否则,都是黄粱一梦。

在该文中,马云回顾了曾经的创业经历,得出这样的创业心得,每一个创业者都应该感到欣慰。马云像当年的唐玄奘去印度取经一样,历尽千辛万苦总结了自己的创业心经,让更多的创业得到福祉。

如今,马云已经成为创业导师,当然这都归功于马云敢于在没有条件时,创造创业条件。从马云的创业经历中,我们分析得出,创业者如果有强烈的愿望,就要积极地迈出实现它的第一步,千万不要等待或拖延,不要找出创业者不能实现这个愿望的几百个、千百个理由,也不必等待具备所有的条件。因为条件是可以创造的,只要创业者相信,就没有什么不可能。

在创业过程中,创业者只要设定了目标就立即行动吧,不要被困难吓倒,记住:创业者是可以创造条件的。

对于一个真正的创业者来说,有没有资金,不是要害问题。真正的要害问题,是创业者有没有创业的综合能力。

有人说:"我没有办法筹集创业启动资金,所以,我不能创业。"而马云的答案却不同,在马云的创业过程中,创业启动资金的筹集都是自己完成的。

马云坦言,在这世界上,筹集创业启动资金的渠道太多了,主要是你没能力把它弄到手而已。所以,说来说去,能不能创业,关键不是在有没有创业启动资金上,而是在你有没有创业的本事上。

---

① 佚名.成功:在没有条件中创造条件[EB/OL].2014.http://info.china.alibaba.com/detail/5905367.html.
② 马云.不给梦想机会,你永远没有机会[EB/OL].2014.http://www.bnet.com.cn/2009/0807/1427262.shtml.

第三章 THREE

创业不要"左眼美金，右眼日元"

我们坚信，如果你眼中只有钱，左眼看美金，右眼盯日元，没有人会愿意和你做朋友的。

——阿里巴巴创始人 马云

■ 绝不要因为赚钱而创业

> 如果人人都在向钱看，那么人们很容易就会迷失自己。我们来这个世界上是享受和经历人生的，不是仅仅为赚钱的。
>
> ——阿里巴巴创始人 马云

提及创业，就不得不说马云这个创业大师，可以肯定说，马云是所有创业者心中的一个偶像。马云从创业之时的白手起家，到如今的功成身退，绝对称得上是一个奇迹。

然而，当马云谈到创业时，马云却说："赚钱不应该是目标，应该成为一种结果……"

2010年10月，时任阿里巴巴董事局主席的马云接受了美国著名脱口秀节目主持人查理·罗斯（Charlie Rose）的专访，在该专访中，马云阐释了阿里巴巴的成功之道、未来方向以及自己的创富心得等内容。

在该专访中，马云认为，企业成功的关键因素并非创新力本身，而是这一能力背后的执行者与推动者——企业员工。马云告诫创业者，创业者只有坚守这一理念，懂得尊重人才，同时坚持将服务做到最好，企业盈利将是必然。[1]以下是马云接受查理·罗斯的采访实录[2]：

罗斯：你有钱有名，那你还想要什么呢？

马云：我的余生将致力于鼓励和支持创业者。我想让他们重回学校充电。我原本打算做老师，但是却做起了生意，一做就是15年。

很多商学院都教学生赚钱和经营之道，但我要告诉人们，如果你想开公司，你必须先有价值观，即懂得如何为人们服务，如何帮助人们，这是关键。

我们坚信，如果你眼中只有钱，左眼看美金，右眼盯日元，没有人会愿意和你做朋友的。

如果人人都在向钱看，那么人们很容易就会迷失自己。我们来这个世界上是享受和经历人生的，不是仅仅为赚钱的。

想想如何帮助人们，为社会创造价值，那么钱自然会来。这就是我们为何能在中国成功，也是阿里巴巴的核心竞争力。阿里巴巴是这样做生意的，我认为21世纪，其他的公司都应该这样。

罗斯：以人为重？

马云：没错。中国最大的资源不是煤炭，而是13亿人。如果我们能好好开发这些人的智能的话，将会带来难以想象的创新。我很高兴我们公司有很多26岁左右的年轻人，这些人将改变世界。我讨厌人跟着电脑团团转。随着科技的发展，在五六百年后，机器将成为人类杀手。我们的任务就是保证：人们控制机器，让机器服务于人类。

从马云接受查理·罗斯的采访实录中不难看出，作为创业者，如果仅仅因为赚钱而创业，那么创业者就会易犯急功近利的错误。

为此，马云在很多公开场合告诫创业者说，越是小企业，越容易犯急功近利的错误。马云建议中小创业者"眼光稍微长远一些"，"不能着急左眼美

---

[1] 霍莉.马云：创业不要"左眼美金，右眼日元"[J].中国企业家，2010（10）.
[2] 霍莉.马云：创业不要"左眼美金，右眼日元"[J].中国企业家，2010（10）.

金，右眼日元"。

■ "左眼美金，右眼日元"根本赚不到钱

> 赚钱是一种结果，而不是目标，我希望阿里巴巴承担的第一社会责任淘宝网必须为中国创造100万就业机会，阿里巴巴必须为全中国中1000多万家小型企业，扩大他们的收入，减低他们的成本，让他们有更多创造就业机会的机会。
>
> ——阿里巴巴创始人　马云

事实证明，不把赚钱作为创业目的，其成功的概率会更大。马云在公开场合谈到，阿里巴巴的目的不是赚钱。

马云说："我不把赚钱作为目的，赚钱确实不是我的目的，赚钱是我的结果……企业赚钱是企业家最基本的功能……对于阿里巴巴来说，赚钱是我们的指标，不是我们的目的……我们希望影响中国经济、亚洲经济、世界经济，改变中小企业做生意难的问题……怎么做企业？做企业到底什么是最核心的东西，我认为，做企业首先要有伟大的梦想，要有伟大的使命……我们的使命是阿里巴巴让天下没有难做的生意。"

在马云的创业经历中，特别是在创办"海博翻译社"的第一年，虽然面临生存压力，但是马云却在公开场合说："我一直的理念，就是真正想赚钱的人必须把钱看轻，如果你脑子里老是钱的话，一定不可能赚钱的。"

在创办海博翻译社时，马云利用课余时间四处活动承接翻译业务。然而，刚成立的"海博翻译社"经营陷入非常艰难的境地，海博翻译社第一个月全部收入700元，房租却要支付2000元。

为了缓解这样的现状，马云就背着口袋到义乌、广州去进货，卖礼品、包鲜花，用这些钱养了"海博翻译社"3年，尔后才开始收支平衡。

马云告诫创业者说:"坚持做正确的事,坚持自己的理想和使命是一定要付出巨大代价的,在任何时代都一样。尤其在今天的中国的商业环境里,创造开放透明、诚信责任、分享的商业文明一定会破坏大批既得利益群体。"

马云告诫创业者,"越是这样就越不能着急,越着急,结果往往会同你的期望值落差越大。"

在2006年4月28日,马云在母校杭州师范大学做演讲时,与校友们分享了自己的创业经验,马云说:

"很多人以为我创业是为了赚钱,因为很多人说创业就是为了赚钱,为了赚更多的钱。我创业不是为了赚钱,是希望将来能够把最好的经验带回到大学里教书,因为我自己在教了六年书以后突然发现,我爱上了教书这个行业。在教书的过程中,你能学到很多东西,也能得到很多东西。如果你尊重你的学生,学生也会尊重你,这是教学相长的。但是,我想到中国有13亿人口,中国经济的高速发展,20年以后我马云还能不能继续站在讲台上教书。我必须要去学习,而什么样的学习才是未来社会所需要的呢?书本上我们在学,但如果我在实践中也能学到点东西,就更有意义了。所以,我就决定出去花十年的时间,用十年的时间建立一个企业。无论是失败还是成功,我都能把这些经验带回到学校教书,也许20年后的经验我比一般的大学老师多一点。这是我当时的出发点。"

的确,马云曾做过六年的教师,领悟到"传道解惑"的重要。因此,面对诸多的创业误区,马云告诫创业者说:"认为做企业就应该要诚信,做企业就应该要有使命和价值观,否则我们没必要那么辛苦。我并不觉得我站在道德的高峰,我只是一个平凡的人,我只是一个创业者。你跟创业者、小企业时间做得越长,你越明白创业者不容易,这个不容易必须去变革。我还是坚信,诚信是有价值的,是可以变成钱的。"

第四章 FOUR

创业不是"置之死地"

马云绝对不是为了创业就把自己"置之死地"的野兽派创业者，相反而是用最小的代价来做好创业前的准备。

——《马云：给年轻创业者的三大法宝》

■ 随时准备好接受"最倒霉的事情"

> 启动资金必须是闲钱（Pocket Money），不许向家人朋友借钱，因为失败可能性极大。我们必须准备好接受"最倒霉的事情"。

——阿里巴巴创始人 马云

对于马云来说，1999年2月20日，这是一个值得纪念的日子，不仅因为这一天是大年初五，而是因为这一天马云创业团队开启了"十八罗汉"创业的第一步。

此刻的杭州像中国的其他城市一样，依然沉浸在浓浓的鞭炮声中，喜庆的年味依旧十足。然而，在杭州西湖区文一西路湖畔花园的一所普通住宅里，却是另外一番景象。15个人聚拢在这里，又是演讲，又是录像，又是拍照，他们正酝酿着一次创业，而这就是他们的第一次员工大会。[①]

[①] 张刚.马云十年[M].北京：中信出版社，2009.

在这次会议中，会议的主角就是今天被称为创业教父的马云，而马云此刻正在激情澎湃地演讲着。

当马云把他创办阿里巴巴这样一个企业的设想告诉他的伙伴们，并阐述他的规划后，这18位创业成员都愿意跟随马云一起开创未来。这时，马云接下来的举动让创业团队大感不解，马云说："现在，你们每个人留一点吃饭的钱，将剩下的钱全部拿出来。"

在谈到此时，马云掏出兜里的钱往桌上一拍，"启动资金必须是 pocket money（闲钱），不许向家人朋友借钱，因为失败的可能性极大。我们必须准备好接受'最倒霉的事情'。但是，即使是泰森把我打倒，只要我不死，我就会跳起来继续战斗！"

马云还对自己的妻子、同事、学生和朋友要求说："你们只能做连长、排长，团级以上干部我得另请高明。"

在这次会议上，创业团队一共凑了50万元作为创业的启动资金。或许读者有点不理解，还没有创业，马云就要随时准备好接受"倒霉的事情"是不是有点过于悲观。

其实，马云的做法非常正确。正是因为马云"我们必须准备好接受'最倒霉的事情'"创业原则才谱写了后来阿里巴巴的辉煌成就。

可能有读者会问，马云凭什么如此自信？这与马云的前几次创业有关。在很多场合下，马云提起当初，赞赏的是自己的勇气而不是眼光。经过几次创业失败的马云确信，互联网创业是最好的创业项目。

在1999年3月这个春天里，马云回到杭州创业，正式创办阿里巴巴网站。对于创业者来说，盲目乐观是创业的一条大忌。事实上，创业者在创业之前必须考虑的不是赚钱，而是赔钱，客观评估创业者能够赔多少钱。

在这样的基础之上，再评估自己的心理承受能力，随时准备好接受企业可能遭遇经营困境的现实。因为对于任何一个创业者而言，对创业前景过于乐观不仅影响正常的经营，而且还会打击创业者的信心。

不可否认的是，马云这种随时应对困境的创业意识是最值得创业者学习的，不仅有马云的"闯劲"，更应该是"谨慎前行"。前期摸索，拜师学艺，借船出海，马云绝对不是为了创业就把自己"置之死地"的野兽派创业者，相反而是用最小的代价来做好创业前的准备。[1]因此，阿里巴巴的创业基金都是马云和他的伙伴各自手中的闲钱，他们18个人筹了50万元。他们没有向家人朋友借钱，因为很可能创业失败，也没有去融资，因为中小企业融资太难。[2]

■ 创业者要有吃苦20年的心理准备

> 创业者要有吃苦20年的心理准备。他要想好未来的路怎么走，未来的路上有什么挫折。我不想安慰谁，现实确实就是这样。
>
> ——阿里巴巴创始人 马云

在中国经济的高速发展中，随着中国富裕家庭的增多，吃苦的品质也大不如前。比如，在一些城市中，一部分年轻人就缺少吃苦的精神，心理承受能力脆弱。

比如：这部分缺少吃苦精神的年轻人在找工作碰壁后，就开始抱怨"工作难找"。

又比如：这部分缺少吃苦精神的年轻人在工作生活中稍有不顺便哀叹命运不济。

针对缺少吃苦精神的年轻人心理承受能力脆弱的问题，马云却不这样认为，"生存考验只是一种手段，年轻人更应自觉加强吃苦锻炼。"

马云坦言，年轻人缺少吃苦精神难成大器，因为他们虽有锋芒，却缺乏磨砺。

---

[1] 马云.给年轻创业者的三大法宝[EB/OL].2014.http://www.studentboss.com/html/news/2011-11-07/93820.htm.

[2] 佚名.马云：像坚持初恋一样坚持梦想[EB/OL].2014.http://finance.jrj.com.cn/biz/2012/05/09101213048691-4.shtml.

在中国黄页创办初期，中国黄页的经营依旧困难重重。然而，马云创办中国黄页仍然没有什么启动资金。所有的资金也只有6000元。

在急需创业资金的情况下，马云变卖了海博翻译社的办公家具，跟亲戚朋友四处借钱，这才凑够了8万元。再加上两个朋友的投资，一共才10万元。对于一家网络公司来说，区区10万元。①

尽管筹集了10万元创业资金，但是却必须用到刀刃上。于是，马云创业团队只有一间办公室，而且还是租的。

办公室里只购买了一台电脑，一块钱一块钱地数着花。他们注册的时候，中国还没有一家互联网公司。因此这家名为海博网络的"皮包公司"是中国第一家商业运作的互联网公司。当时，马云把中国企业的资料集中起来，快递到美国，由设计者做好网页向全世界发布，利润则来自向企业收取的费用。②

对于中国黄页来说，创办初期，资金也的确是最大的问题。由于开支大，业务又少，最凄惨的时候，公司银行账户上只有200元现金。但是马云以他不屈不挠的精神，克服了种种困难，把营业额从0做到了几百万③元。

尔后，在公开场合回忆谈到这段经历，马云说，要想创业，创业者要有长期吃苦，甚至20年吃苦的心理准备。马云在"西湖论剑"上多次告诫创业者："对所有创业者来说，永远告诉自己一句话：'从创业的第一天起，你每天要面对的是困难和失败，而不是成功。我最困难的时候还没有到，但有一天一定会到。困难是不能躲避，不能让别人替你去扛的。九年创业的经验告诉我，任何困难都必须你自己去面对。创业者就是面对困难。'"

从马云的话中，我们从中也能体会到马云当初创业时的艰辛和困难。事实上，创业的结果，创业者是无法预料的，但是创业遇到的各种困难，却是必须承受的。

---

① 佚名.阿里巴巴马云：没钱一样创业[EB/OL].2014.http://www.wabei.cn/news/200908/262418.html.

② 马云.赚钱不是目标 80后没有资格抱怨[EB/OL].2014.http://www.zsnews.cn/Economy/2012/04/18/1977152_10.shtml.

③ 赵文锴.马云创业真经[M].北京：中国经济出版社，2011.

确实，从马云的创业经历来看，"只要肯吃苦，满地都是金子"。事实上，对于那些创业者来说，最后创业成功的人，大都是能吃苦的人。在先进国家与新兴市场中，大部分的公司是以家族企业起家。他们凭着企业家的愿景与精力，从创业之初的筚路蓝缕，蜕变成各自经济中的主力。

这种情形不单在新兴市场中仍屡见不鲜，就像马云在创业的途中，马云凭借"当合伙人动摇的时候，马云一个人背着个大麻袋，满世界地去卖小商品，包括小工艺品，卖花，卖书，卖衣服……用最原始的方式维持翻译社的运转。凭着这股不怕吃亏、吃苦的耐劳的傻劲"的吃苦精神，创造了阿里巴巴无与伦比的神话。事实上，创业者一般都具有吃苦耐劳、节俭朴素的性格特点，这些都是对企业的发展有着十分有利的因素。

马云说："我不是一个轻易放弃的人，我蛮相信，只要没搞死我，我会越战越强。今天我不是马云，马云只是代表这一代的人，新的企业家、新的创业的人，我们倡导的一种新的精神。"

不可否认，创业是一个艰辛的过程，没有吃苦的准备，肯定是坚持不下去的。因此，要想创业成功，必须要有足够的危机意识。微软创始人比尔·盖茨说过："对于创业者来说，初创企业的破产只有一个星期。"

正是在这一名言的激励下，微软怀着巨大的危机感，不断积极进取，短短20年就发展成为世界最大的软件企业。如今，微软的操作系统占有了90%以上的市场，成为绝对的垄断者。[1]

在马云的创业过程中，马云用行动告诉创业者。马云说："要想创业成功，并且要想让企业基业常青和永续经营，没有吃苦耐劳的精神肯定是不行的。"

---

[1] 吴建卫.员工危机[M].南京：江苏文艺出版社，2007.

MA YUN
BUSHI TELI

第三部分
**最优秀商业模式
往往是最简单的**

很多人批评我说，我看不懂你的商业模式，你到底是怎么赚钱，阿里巴巴到底是怎么赚钱的？我那时候真的无以回答，不知道该怎么说，但是那时候思科一度成为全世界市值最高的公司，所以我很好奇。最后，我得出一个结论：这世界上看不懂的模式是最好的。

——阿里巴巴创始人　马云

第一章 ONE

赚钱模式越多越说明你没有模式

你的模式要单一，简单，能说清楚。不要怕单一别人容易拷贝，别人不一定像你一样特别想把这件事情做好。赚钱模式越多越说明你没有模式，其实最好的模式是最简单的。

——阿里巴巴创始人　马云

■ 只挣钱的模式不是商业模式

> 创业钱不是万能的，关键是商业模式和创业者激情。
> ——巨人创始人　史玉柱

在很多场合下，一些创业者只要一开口，商业模式这样的词汇总是不自觉地蹦出。可以这样说，在诸多论坛上，商业模式就是很多创业者和投资者嘴边经常念叨的一个名词。

事实上，几乎所有人，其中包括创业者、培训师、商学院教授等都认为好的商业模式是创业成功的保证。

不可否认，任何一个创业企业能够取得成功，毫无疑问都有自己的商业模式。然而，当研究者将这些成功初创企业的商业模式并排列举出来时，很容易发现这些成功初创企业的商业模式各不相同。

可能读者会问，究竟什么样的商业模式才是最好的呢？马云认为，好的模式并没有准确定义，一家企业只要可以利用好自己的优势，发挥自己的长处，为企业赢得效益，为社会作出贡献，那么它的商业模式就是好的。①

马云在接受媒体采访时就回答了这个很多创业者关心的问题。马云说：

"模式没有好坏之分。任何一个模式都可以做得很好。电子商务到底是什么？这两年电子商务出现了很多概念：B2B、B2C、C2C……巩固邓小平同志说过的话——不管白猫还是黑猫，抓住老鼠就是好猫。阿里巴巴感到B2B的模式并不重要，今天的互联网上没有成功的模式，只有失败的模式。阿里巴巴不谈模式。有媒体说我们创造了互联网的第四模式，但我们并不以为然，并不以此为骄傲。"

客观地讲，马云的观点是经过深思熟虑的，其赢利模式得到了战略投资者的认可。从1999至2000年这两年时间里，阿里巴巴赢得了高盛和软银的认可，注资阿里巴巴。阿里巴巴从软银、高盛、美国富达投资等机构融资2500万美元的风险投资。

从此，阿里巴巴开始走上一条不同寻常的路，而且也引来了许多商学院教授、投资机构、媒体的关注。

对于任何一个初创企业都会面临同样的问题，那就是赢利。而这个问题也困扰着马云。在2000年年底，满怀雄心壮志的马云却没有看到阿里巴巴赢利的财务报表。

在2001年1月，马云还是没有看到阿里巴巴的赢利报表。而此刻，有些战略投资者开始浮躁起来。

为此，马云解释说，对于任何一个企业而言，仅仅只知道挣钱的模式，绝对不是一个较好的商业模式。当然，马云理解的商业模式与媒体、业界人士、投资分析家，以及普通人理解的商业模式还是有一些差距的。

正如京东创始人刘强东所言："世界上有很多赚钱的方式，如果你创业的

---

① 周星潼.芝麻开门:成就阿里巴巴网络帝国的13个管理法则[M].武汉：华中师范大学出版社，2012.

动机没有超过对于金钱的向往，那我觉得你可能很难成功！如果开始了创业，当你遇到挫折将要放弃的时候千万不要放弃，可能这个时候离成功很近了！"

值得庆幸的是，在2002年，阿里巴巴B2B公司开始盈利，同时也得到日本《日经》杂志的称赞。在2002年5月，马云荣登《日经》杂志封面人物，其高度评价阿里巴巴在中日贸易领域里的贡献："阿里巴巴已达到收支平衡，成为整个互联网世界的骄傲。"[1]

当阿里巴巴得到媒体、业界人士、投资分析家的肯定时，马云却有着自己清醒的判断。在成都网商论坛上，马云分享了自己的判断。

马云说："三年以前，有人说我们的模式差，我问他，你说我们的模式是什么？他说，不知道。所以，不用到处去讲你的模式怎么好，因为世界不会相信你的话，世界会相信你的结果。阿里巴巴成功的很大原因，就是几乎世界上所有的企业都知道阿里巴巴。做任何事情，不要因为别人怎么说就去做，而是因为做这件事情，你觉得对，然后就坚定不移地去做。"

正如马云所言，不要太在意媒体、业界人士、投资分析家，还是普通人对自己商业模式的评价，只要自己认准了就照着做，成功了就是好的。

而如今的阿里巴巴已不是当年弱不禁风的小公司了。阿里巴巴迅速成为全球最大B2B电子商务平台，目前已成亚洲最大的在线交易平台。

可以这样说，而今的阿里巴巴与跨媒体多平台中的AOL、B2C网站中的亚马逊、C2C网站中的eBay、门户网站中的雅虎、搜索引擎中的谷歌这几家公司并驾齐驱，一起引领着互联网的发展。甚至有人将阿里巴巴和AOL、eBay、亚马逊、雅虎、谷歌并列为当前世界互联网存在的六个典型企业。

自阿里巴巴成立之后，众多媒体和企业对阿里巴巴的商业模式产生了强大的好奇心，他们纷纷想一探究竟。

然而，这个好奇心一直都存在。如今全球十几种语言400家著名新闻传媒对阿里巴巴的追踪报道从未间断，被传媒界誉为"真正的世界级品牌"。

---

[1] 佚名.阿里巴巴[EB/OL].2014.http://baike.baidu.com/view/2296.htm.

■ 创业伊始无需过分看重商业模式

> 即使是世界上最好的企业，它的模式也未必是最好的，未必是适合自己企业发展的。当有投资者提出质疑时，最好的办法就是做出好成绩，让他们看到，他们自然会相信。
>
> ——阿里巴巴创始人 马云

在最近的媒体报道中，商业模式已经炒得很热，不管是企业家还是创业者，都在热衷向外界传递出自己商业模式的信息。

就好像"此地无银三百两"、"隔壁王二不曾偷"这样的故事一样可笑。然而，马云却告诫创业者："一家企业的商业模式并非一定要让外人看见。在创业的时候，无需过分看重商业模式，但是一定要知道自己要做什么。想成功不需要模仿成功企业的模式，即使是世界上最好的企业，它的模式也未必是最好的，未必是适合自己企业发展的。当有投资者提出质疑时，最好的办法就是做出好成绩，让他们看到，他们自然会相信。"

不仅仅是马云，而高原资本董事总经理涂鸿川也同样在公开场合表示，"一个好的商业模式是持续赢利的，也就是说你的生意会有回头客。团购刚出来时非常火，每个投资人都想投，可是后来发现许多团购很可能是昙花一现，因为用户的消费体验和回头率不理想，这也是不可持续的。"

在20世纪90年代末期，在发达国家电子商务已经开始兴起，眼光独特的马云敏锐地觉察到，亚洲人应该有自己的电子商务模式，而当时所有的电子商务都是大企业的电子商务，亚洲独特的电子商务不应该是简单的B2B（Business To Business），而应是商人对商人（Businessman To Businessman）。这是亚洲人独创的模式。[1]

当阿里巴巴的赢利模式确定好之后，就开始为之努力。经过几个月的筹备建设，阿里巴巴这个网站终于创办起来了，还给客户解决了一些切实的问

---

[1] 佚名.马云:公司名字缘何而来[EB/OL].2014.http://roll.sohu.com/20111124/n326762114.shtml.

题。

比如：来自山东青岛的一个商人，每年从韩国购买一种设备。该商人判断，该设备的产地其实就在中国。

然而，由于信息不畅，该商人无法找到在中国生产该设备的厂家。一次偶然的机会，该商人在阿里巴巴上，刊发了一条求购该设备的信息。没过几天，该设备的中国厂家就主动联系上了该商人。令该商人没有想到的是，该厂家竟然就在青岛。

再比如：一家东北生产小商品的企业，为了扩大销售，于是将产品信息发布到阿里巴巴网上。结果一年下来，46个客户中竟然有44个来自阿里巴巴网站。

在口碑的作用下，一传十，十传百，阿里巴巴就这样声名鹊起。不过，马云很清楚，由于中国大陆地区电子商务尚不成熟，只有利用发达国家已深入人心的电子商务观念，为外贸服务，才能得到丰厚的利润。在这样的指导思想下，阿里巴巴开设了一个名为"中国供应商"的专区，把中国大量的中小型出口加工企业的供货信息，以会员形式免费向全球发布。就这样，阿里巴巴走向了世界。①

反观创业初期阿里巴巴的商业模式，马云是深谙其道的，只不过没有真正地向外传递过。马云在公开场合表示："永远不告诉任何人我们是如何赚钱的。过早地暴露商业模式，会变成别人的复制对象。关于赢利模式我们没有义务和别人探讨，我们又不是上市公司。我们得学会保护自己，网络的赢利模式在初期很容易复制，但等到三五年之后就太难了，几乎没有可能。"

马云认为，过早地暴露商业模式，会变成别人的复制对象，这样的问题非常严重。这就使得清晰的阿里巴巴商业模式在马云意识中非常明了。

马云在公开场合坦言："以前在香港很多人一定要问我怎么赚钱的，我跟很多香港人说，我不告诉你。我为什么要告诉你？前几年你是什么模式，谁都有权利责问你，就像问一个女孩子的年龄，这是不礼貌的。所以，我那时候说，我不告诉你我的模式，除非你是我的投资者，所以我的投资者跟我三四年下来以后才明白。当然我们这么说不是永远不告诉你，到了华尔街以后一切很透明。今天阿里巴巴模式不是我们未来的模式。不跟别人探讨模式，

---

① 佚名.马云:公司名字缘何而来[EB/OL].2014.http://roll.sohu.com/20111124/n326762114.shtml.

并不意味着我们没有模式，等我们跟你探讨模式的时候，我们这个模式已经成为了昨天的事情。这是一个做商人很基本的道理，你告诉别人你的模式多么好的时候，那么你的企业一定会出问题。"

就如高原资本董事总经理涂鸿川所言："执行一个好的商业模式，眼光真的要放长远。不能说我们投了你，来一个对赌，你今年说要挣1亿元，如果挣不到我要多拿你5%~10%的股份。这18年来我从不对赌，这也跟商业模式有关。企业受到了对赌的压力，为了完成对赌条款而拼命多挣钱，结果很可能把原有的商业模式破坏掉，把用户体验搞乱。"

■ 看不清的模式就是最好的模式

> 我觉得，看得清的模式不一定是最好的模式，看不出你怎么赚钱，也未必不是好模式。
> ——阿里巴巴创始人 马云

商业模式是近年流行的一个商界术语，是许多企业在新经济下寻求竞争优势的一种手段。[①]谈到商业模式，可能读者会问，什么是商业模式？

保罗·泰莫斯（Paul Timmers）（1998）认为，对商业模式是指一个完整的产品、服务和信息流体系，包括每一个参与者和其在其中起到的作用，以及每一个参与者的潜在利益和相应的收益来源和方式。

用最直白的话解释就是：商业模式就是公司通过什么途径或方式来赚钱？简言之，饮料公司通过卖饮料来赚钱；快递公司通过送快递来赚钱；网络公司通过点击率来赚钱；通信公司通过收话费赚钱；超市通过平台和仓储来赚钱等等。只要有赚钱的地儿，就有商业模式存在。[②]

[①]孟鹰，余来文，王志球.顾客价值下的商业模式创新分析[J].商场现代化，2007（30）.
[②]佚名.商业模式[EB/OL].2014.http://wiki.mbalib.com/wiki/商业模式.

然而，对于这个定义的理解，马云却有自己不同的思路。让时间回到2007年11月1日，马云与心目中的"伟大的企业家的领袖"、时任思科首席执行官约翰·钱伯斯（John Chambers）一起探讨了思科的商业模式。

在此次谈论中，马云得出一个结论——这世界上看不懂的模式是最好的。马云的观点引来了无数媒体的解读，有媒体刊发评论文章认为，尽管马云搞不懂思科的商业模式，但是作为一家企业，阿里巴巴有很多东西要向思科学习。思科的成功让马云得出结论：看不清的模式就是最好的模式。[1]

而这样的评论并非空穴来风，理由是马云的公开讲话："我觉得，看得清的模式不一定是最好的模式，看不出你怎么赚钱，也未必不是好模式。全世界的投资者到现在为止看不清楚微软怎么赚钱的，但是它赚钱最多。网络经济用传统的思路去考虑也许并不一定很对。"

在很多场合下，媒体记者都以阿里巴巴赢利模式的话题采访过马云，马云曾这样对境外媒体说道："我们开始尝试从中国的各种服务中获得收益，收益将来自以下三个方面。第一，从第三方获得收益分配，这包括从阿里巴巴的合作伙伴向网站30万名会员提供运输、保险、饭店和旅游注册服务而获得的分配收益；第二，在线商业推销和广告，这包括网站注册服务，在阿里巴巴搜索中优先级的改变、标题连接广告和其他相关服务；第三，交易收益，将来阿里巴巴将从会员的交易中获得收益。"

众所周知，当马云通过媒体披露阿里巴巴的商业模式后，不少关注阿里巴巴的人对媒体披露的阿里巴巴赢利模式进行研究，结果他们发现，这三种赢利模式没有一种是阿里巴巴真正采取的。随着网络条件的成熟，阿里巴巴的商业模式在不断发展、完善。阿里巴巴从不赚钱发展到赚钱，从一年只赚一元发展到每天缴税100万元。不少商业人士向马云追问阿里巴巴靠什么模式赚钱，马云始终闭口不提。[2]

马云深知，商业模式其实只有建立在团队和用户支撑的基础上，才能很好地运行。团队包括老总在内，都应该对用户了如指掌，这也是任何一个商

---

[1] 周星潼.芝麻开门:成就阿里巴巴网络帝国的13个管理法则[M].武汉：华中师范大学出版社，2012.

[2] 周星潼.芝麻开门:成就阿里巴巴网络帝国的13个管理法则[M].武汉：华中师范大学出版社，2012.

业模式良性运作的前提。

　　事实上，商业模式是一个比较新的名词。关于商业模式的探究到如今已经有60多年了。然而，早在20世纪50年代，就有研究者提出了"商业模式"的概念。

　　尽管它第一次出现在20世纪50年代，让研究者没有想到的是，到20世纪90年代商业模式才开始被企业家、创业者广泛使用和传播、认可。今天，虽然这一名词出现的频度极高，关于它的定义仍然没有一个权威的版本。

第二章 TWO

最优秀的模式往往是最简单的东西

优秀的公司模式都是单一的,复杂的模式往往会有问题,尤其是刚刚初创。

——阿里巴巴创始人 马云

■ 阿里巴巴现在的商业模式很简单

> 我之所以敢这样说,是因为阿里巴巴找到了自己的赢利模式。好的商业模式一定得简单,阿里巴巴现在的商业模式很简单,就是收取会员费。
>
> ——阿里巴巴创始人 马云

在2002年,随着互联网泡沫经济的破灭,互联网也预示着进入寒冬。然而,阿里巴巴创始人却做了一个让媒体、业界人士、投资分析家,还有普通人诧异的事情。

在2002年4月,阿里巴巴创始人马云向外正式宣布:"2002年,阿里巴巴要赢利1元,2003年,要赢利1亿元人民币,而2004年,每天利润100万元。"

然而,让媒体、业界人士、投资分析家,还有普通人更诧异的是,马云竟然用短短的3年时间就实现了"阿里巴巴要赢利1元,2003年,要赢利1亿元人民币，而2004年，每天利润100万元"这一目标。

据阿里巴巴上市公司的年报数据显示：阿里巴巴2006年收入13.6亿元，净利润2.2亿元；2007年收入21.6亿元，净利润9.7亿元；2008年收入30亿元，净利润12亿元。[1]

阿里巴巴的高速成长成为庞大的帝国，离不开马云对阿里巴巴赢利模式的设计和创新。而马云创办的"支付宝"、"物流宝"等等，都是商业模式创新的直接体现。

在2008年由美国次贷危机引发的金融危机中，许多明星企业都出现严重亏损，但阿里巴巴2008年收入比2007年增长39%，净利润比2007年增长25%，足以可见商业模式的巨大力量。[2]

在这个寒冷的互联网冬天，马云却向那些难以置信的记者们解释道："好的商业模式一定得简单，阿里巴巴现在的商业模式很简单，就是收取会员费。"

反观阿里巴巴的赢利模式就不难理解，阿里巴巴是一个B2B电子商务，这类公司的赢利模式如下表，见表4[3]：

表4　B2B电子商务公司的赢利模式

（1）	会员制收费模式
（2）	网络广告收费模式
（3）	关键字搜索与点击(竞价排名)推广
（4）	关键词搜索与黄金展位
（5）	企业建站有偿服务
（6）	融资服务

事实证明，优秀的公司模式往往都是单一的，复杂的模式往往会有问

---

[1]佚名.马云：阿里成功的关键在于商业模式[EB/OL].2014.http://finance.591hx.com/article/2012-12-07/0000293762s.shtml.

[2]佚名.马云：阿里成功的关键在于商业模式[EB/OL].2014.http://finance.591hx.com/article/2012-12-07/0000293762s.shtml.

[3]孙力.创城记[EB/OL].2014.http://vip.book.sina.com.cn/book/chapter_221440_238974.html.

题，因为好的商业模式一定得简单。在中央电视台经济频道《赢在中国》第一赛季晋级篇第四场中，作为创业选手的林天强参加了比赛。

资料显示，林天强，男，1970年出生，硕士，金融专业。此次林天强的参赛项目是：以新媒体技术和新商业模式重新整合影视生产发行产业链，将投资风险和垄断利润合理分配到各环节，使得收益和风险匹配，从而使中国历史文化资源和影视生产要素得到有效的利用。[1]

在《赢在中国》节目中，林天强与马云进行了互动，马云也对林天强的商业模式进行了点评，下面是林天强的项目介绍[2]：

我要解释一下什么叫新电影，因为电影是艺术，但是它是技术引导的艺术，电影是商业，是技术引导的商业，电影是政治，它是技术传播的意识形态。

我们新电影改变传统产业链，不能让电影成为随机拍脑袋的东西，让电影成为流程。有创意的很多很聪明的网民，受过高等教育喜欢电影的人都愿意参与到电影策划当中来。

我们现在和国务院发展研究中心企业研究所和大学有一个项目，收费很高，一个学院是20多万。我也是做新电影，通过电影来谈管理，我们的电影花这么多钱，这么多聪明人费尽精力想讨你喜欢，想让你高兴，想让你获得知识，比商学院好得多，我提供的这些产品会很好。

在网上我建立了新电影超市，我们有一个数字版权在线直销或者在线分销。比如说新开的投资的电影，如《指环王四》，现在我有一个片花下载下来，别人一看说我得看一看，电影院很远，旁边会出来一个标，一点标通过VIP就可以购票，马上实现销售，取得收入。不仅是电影票，还有游戏点卡，比如说音碟，比如书。

林天强：我可以大量地积累啊。你现在没有完全看明白商业模式，我感到很庆幸，你要模仿我就觉得很危险。

当林天强介绍完创业项目后，马云坦言："就因为我听不懂，你觉得就是

---

[1]《赢在中国》项目组.马云点评创业[M].北京：中国民主法制出版社，2007.
[2]《赢在中国》项目组.马云点评创业[M].北京：中国民主法制出版社，2007.

好模式。我将来想做教育、农业和环保。我小时候看电影，所以投资电影是一种教育，我希望投资的公司能拍出好的电影，好的电视剧，这样对中国教育有帮助，我纯粹是这样。"

其后，马云点评说："我觉得林天强犯了一个大忌，你的模式说不清楚，我也不知道，但是我一定能做出来。我碰上很多人这样，我不知道怎么做，但是我一定能做出来。这个是很忌讳的，你要讲清楚，最优秀的模式往往是最简单的东西。尤其初创的时候寻求单一简单很重要，我们最怕一个人说我有鸡会生一个蛋，这鸡说不定变成奥斯卡的金牌鸡，越说越悬，越跑越远，这是我们的一个建议。你的模式要单一，简单，会说清楚，不要怕单一别人会拷贝，别人不一定像你一样特别想把这件事情做出来。优秀的公司模式都是单一的，复杂的模式往往会有问题，尤其是刚刚初创。所以我觉得电影这个行业前景我非常看好，现在整个中国电影市场三十几个亿，跟中国经济增长一样是有很大的前景和空间发展的。"

■ 商业模式也需要创新

> 阿里巴巴觉得B2B的模式并不重要，今天的互联网上没有成功的模式，只有失败的模式。阿里巴巴不谈模式。有媒体说我们创造了互联网的第四模式，但我们并不以为然，并不以此为骄傲。
>
> ——阿里巴巴创始人　马云

在如今的商业竞争中，有些商业模式已经改变了一些企业的命运。在阿里巴巴创立之初，马云就开始考虑了阿里巴巴和WTO的联系。

马云在接受《21世纪经济报道》采访时坦言：

1999年构思阿里巴巴的时候，我们考虑的是中国的经济大局。当时有两个基本判断：第一，关于大局的判断是中国加入WTO只是时间问题，WTO组织如果缺乏中国是不可思议的组织，中国加入WTO，可以到国外做生意；第二个关于大局的判断，是认为中国经济会高速发展，而推动中国经济发展的是中小企业和民营经济。

基于上述判断，我们做了两个构思。一是如果我们要建立通过互联网帮助中国企业做出口贸易，帮助国外企业进入中国市场，这是我们第一个构思；二是我们要帮的永远是那些需要帮助自己的企业，能够帮助自己的企业，中小型企业使用电子商务这是他们的趋势，有些大型企业使用电子商务是为了炫耀，所以我们瞄准中小企业。这就是阿里巴巴的宗旨，也成就了现在的阿里巴巴。①

研究发现，创建之初的阿里巴巴并不被人看好。然而，马云是怎样坚持下来的？马云在接受《21世纪经济报道》采访时坦言："一直有人说阿里巴巴的这个模式这样不好那样不好。我的经验是，创新要抵得住压力，挡得住诱惑。我们最早被人说是疯子，后来被人说是狂人。不管别人怎么说，我们坚信一定能成功，不在乎别人怎么看待我们，我们在乎的是这个世界的趋势，按照既定梦想一步一步往前走。"

马云在采访中强调："到今天为止，有人说阿里巴巴的B2B没有被世界认可，所以我们推出了C2C，因为我们的C2C也没有被认可，所以我们打算并购雅虎。这些是外界的猜测而已，电子商务在中国一定会成为超越美国电子商务的模式，这是我个人的判断。"

马云在采访中断言："为什么C2C领域我们觉得一定会有巨大的发展，我经常讲中国13亿人口，3亿人上网只需要几年，而美国搞3亿人上网，生孩子就要生好几年。"

在马云看来，创新是驱动互联网企业发展的重要因素。反观诸多IT企业，之所以能够做强做大，是因为源自创新，而阿里巴巴也不例外。同新浪、搜狐做新闻，QQ做通讯工具一样，阿里巴巴在商务领域也是独树一帜的。从一个单一企业商务平台发展到今天的电子商务帝国，这条路上的每一

---

①侯继勇.对话马云：那些与WTO相关的事[N].21世纪经济报道，2011-11-19.

步,阿里巴巴都有着自己的特色。①

不仅如此,马云还表示,要想把创新这个羽翼插上互联网企业,就必须要有一个独特的商业模式。对此马云说:

"大家可以查一下一件事情,曾经在1999年,或者是2000年的时候,我和8848的谭智,还有易趣的邵亦波,我们有一个论坛。我第一个讲8848的谭智,他说B2B有什么好的,他对B2B最不看好。我也是为了寻开心,我就说我不看好B2C。我到今天还是不看好B2C,我觉得C2C有独到之处,因为B2B和C2C是人类历史上创造互联网的独特模式,只有独特的东西才行。我不是因为以前突然转过来,我承认错误很快。我认为,B2C还是不看好,C2C也可以做,这当中细节上发生过很多的事情。我等到90岁,写出来,不知道能不能活到90岁。"

然而,创办阿里巴巴的马云却不懂电脑技术,可马云找到了一个新颖的商业模式。马云说:"其实我并不懂电脑,但却注册了一家电脑公司,到后来我们创办了所谓的B2B电子商务网站——阿里巴巴,这就叫创新。你做不到的事情,要想办法绕过去做到。一提到创新,很多人都说这是技术人员的事情,很多人想到的都是技术的创新,可是,我不懂技术。我想,我们可以在各行各业进行创新,在模式上进行创新等,都可以做得更好。"

当然,如今的阿里巴巴不仅拥有1300万名会员,而且阿里巴巴被公认为是全世界最大规模的B2B网站,证明了其商业模式是可行的。

然而,阿里巴巴在创办初期,马云并不知道自己创办的企业模式叫B2B。马云应邀参加新加坡亚洲电子商务大会。而马云发现,尽管称为亚洲电子商务大会,但是在该会议上90%的演讲者都是来自美国。而与会者大概90%都是西方人,其讲解的案例几乎都是在分析eBay、Amazon、雅虎。

而此刻的马云敏锐地觉察到一个巨大的机会——中国应该建立一个适合自己国情的电子商务模式。马云指出:"今天我们这个大会讨论的是亚洲电子商务,但今天讨论的所有内容都是美国的,美国的模式,美国的演讲者,美

---

①周星潼.芝麻开门:成就阿里巴巴网络帝国的13个管理法则[M].武汉:华中师范大学出版社,2012.

国的听众。我认为中国是中国，美国是美国。美国人打篮球打得很好，中国人就应该打乒乓球。回国的路上我也一直在考虑，我觉得中国一定要有自己的电子商务模式，中国一定要有自己独特的方式。是不是Amazon，我并不那么认为；是不是eBay，我觉得时机未到；是不是雅虎这样的门户站点，我也没有看清楚。但是，我相信，如果我们围绕着中小型企业，帮助中小型企业成功，我们是有机会的。"

马云的观点很有代表性。的确，创业者要想创业成功，就必须拥有自己的商业模式，因为有效创新的商业模式是打败竞争对手的有力武器。

这源于在一个日趋变平的世界里，如果创业者墨守成规，那么其结局可能就是死掉。马云提醒创业者说："世界在逐渐变平，这意味着有着更多平等的机会。大象和蚂蚁共舞，小虾米也可以和大鱼一起逐食，同时意味着竞争更加残酷。变化是应对充分竞争的利器，因为在一个日趋扁平的世界里，如果墨守成规，可能的结局就是死掉。"

为此，马云告诫创业者，创业者一定要有创新的商业模式，仅仅靠模仿商业模式不会成功。马云说："创业公司不仅不要盲目模仿大公司的做事方法，也切忌抄袭其商业模式。那些知名企业在成名之前是什么样的你知道吗？他们是怎么积聚自己的能量，才有了今天的成就？简单模仿它的现实，可能会南辕北辙。这样的公司不是靠简单模仿就能获得同样成功的。"

事实证明，要想创业成功，就必须创新自己的商业模式，就必须做别人想不到的。最好要成为第一个吃螃蟹的人。

纵观阿里巴巴，而马云就是凭借其独特的商业模式在互联网市场中独占鳌头。为此，马云说："一个决定有90%的人认为正确的时候，你就应将它扔到垃圾箱里去；如果一个决定让一半的人争吵不休，那么这件事就颇有一试的味道了。"

MA YUN
BUSHI TELI

第四部分
唐僧团队是最好的团队

唐僧是一个好领导，他知道孙悟空要管紧，所以要会念紧箍咒；猪八戒小毛病多，但不会犯大错，偶尔批评批评就可以；沙僧则需要经常鼓励一番。这样，一个明星团队就成形了。

——阿里巴巴创始人　马云

第一章 ONE

创业时期千万不要找明星团队

创业时期千万不要找明星团队,千万不要找已经成功过的人。
——阿里巴巴创始人 马云

■ 创业公司不能引进明星团队

> 这个是看了很多人的创业过程我才总结出来的。等到一定程度以后,再请进一些优秀的人才,对投资、对整个未来市场开拓才有好的结果,尤其是35岁到40岁,已经成功过的人,他已经有钱了,他成功过,一起创业非常艰难。
>
> ——阿里巴巴创始人 马云

在很多论坛上,一些喜欢足球的创业者总是拿"世界杯足球赛"指点江山,在这些创业者的意识中,世界上最好的足球队就是明星团队,而在创业过程中,明星团队也是最好的创业团队。

然而,这样的观点却没有赢得马云的认可。马云在《赢在中国》第一赛季晋级篇第七场点评创业选手赵尧时,告诫创业者说:"创业时期千万不要找明星团队,千万不要找已经成功过的人。"

在《赢在中国》第一赛季晋级篇第七场上,作为创业选手的赵尧,介绍了自己的参赛项目,赵尧说:"支付式营销。把美国成功的电视营销和其他成熟的产品,经过中国专业化服务进入中国市场。涉及市场调查、媒体的策划和采购、定单通过呼叫中心的取得、订单的处理、收付款结算、物流，以及市场开发。①"

  在简短的项目介绍后，马云就让赵尧简要地介绍一下他的管理团队。赵尧介绍说："我先从中国这边说起，现在是我一个人全职做这件事情，我的团队已经非常认同这件事情。认同我们事情的人，包括这么几位角色，其中一位朋友在中国做电视直销，成功运作了好几年，他后来改行做了保健产品，但是当我提起这个概念以后他非常感兴趣，他要加盟，这是一位。第二位最近刚刚把他苦心经营了十年的物流企业，出售给了一家香港上市公司，他就退出了，这位跟我也是八年的朋友，他在美国和中国之间跑来跑去，他的企业还代理沃尔玛在加拿大的全部物流业务，他会加入我的团队，帮我们打理在中国的物流操作工作。第三位朋友在美国代理了一家汽车用品，这个企业到中国来做代理商，在过去几年他的产品通过行销占据中国70%的市场，在这种情况下，他给我们带来的，除了对中国零售环节这种概念和管理的经验之外还有更多可以帮助我们，当美国客户的产品通过电视频道进行直销以后，下一步在他产品周期不同发展阶段会有和地面零售结合的方式，提供这方面的资源。除此之外在美国有一位斯坦福毕业的律师，在过去三年里面，服务于两家不同的非常成功的电视营销企业，他是我的合作伙伴，在美国这边为我们处理所有法律业务，这很重要。还有一位，他曾经是NBC广播网副总裁，后来在美国家庭频道做了市场营销总裁，我认识他是在提供咨询服务的时候，他在洛杉矶又服务于不同的电视直销企业，做高级领导。我想请他为我们做顾问和公关，他说融资以后要加入我的管理团队，简单地讲有这么几位。②"

  然而，让赵尧自以为傲的明星团队却没有得到马云的赞同，相反，马云却不无忧虑地点评说："你的整个成熟度，以及项目的可行性，刚才吴鹰也都讲过，我挺认同，我就讲一些我可能担心的事儿，第一你最骄傲的是你的团队，你的团队恰恰是我最担心的，创业时期千万不要找明星团队，千万不要找已经成功过的人跟你一起创业，在创业时期要寻找这些梦之队：没有成功、渴望成功、平凡、团结，有共同理想的人。这个是看了很多人的创业过

---

① 《赢在中国》项目组.马云点评创业[M].北京：中国民主法制出版社，2007.
② 《赢在中国》项目组.马云点评创业[M].北京：中国民主法制出版社，2007.

程我才总结出来的。等到一定程度以后，再请进一些优秀的人才，对投资、对整个未来市场开拓才有好的结果，尤其是35岁到40岁，已经成功过的人，他已经有钱了，他成功过，一起创业非常艰难。所以我给你提出逐步引进，创业要找最适合的人，不要找最好的人。"

  客观地说，马云对赵尧的告诫还是意味深长的。在阿里巴巴的做强做大过程中，马云也犯过类似的错误。

  在这个过程中，马云就强调"MBA团队凶猛"的理念。但是，要做到真正的凶猛，马云也走了一些弯路。经历过MBA团队的教训后，马云非常强调团队的战斗力，他认为，互联网是4×100米接力赛，你再厉害，只能跑一棒，应该把机会给年轻人。为此，马云设计了每半年一次评估的策略[①]。

  为此，马云说："评估下来，虽然你的工作很努力，也很出色，但你就是最后一个，非常对不起，你就得离开。在两个人和两百人之间，我只能选择对两个人残酷。"

  在谈到公司的团队建设方面，马云提到很重要的一点，在创业时期，绝对不能找明星团队，而是要寻找没有成功、却渴望成功、平凡、团结，有共同理想的人。

■ 绝对不要迷信MBA团队

> 我曾经认为，如果你能拿到MBA，则意味着你一定是个很优秀的人才。但他们只会不停地跟你谈策略，谈计划。记得曾有个营销副总裁跟我说："马云，这是下一年度营销的预算。"我一看："天啊！要1200万美元？我仅有500万美元。"他却回答我说："我做的计划从不低于1000万美元！"
>
> ——阿里巴巴创始人　马云

————————————————————

[①] 金错刀.马云管理日志[M].北京：中信出版社，2009.

对于任何一个创业者而言，必须关注 MBA 团队的风险防范，特别是那些迷信 MBA 团队的创业者而言，更是如此。

然而，遗憾的是，这在中国诸多初创企业中往往不重视对 MBA 团队的风险防范。甚至连诸多创业者都不清楚，在任何一个企业人力资源管理中都存在着诸多风险。如果创业者在使用人力资源决策时稍有不慎，就有可能给企业带来不必要的损失，甚至灾难性的后果。

这绝对不是耸人听闻。为此，马云在多种场合告诫创业者，"不要迷信 MBA 团队"。马云在接受《中国食品报·冷冻产业周刊》采访时就谈过这个问题，马云说：我曾经认为，如果你能拿到 MBA，则意味着你一定是个很优秀的人才。但是他们只会不停地跟你谈策略，谈计划。记得曾有个营销副总裁跟我说："马云，这是下一年度营销的预算。"我一看："天啊！要 1200 万美元？我仅有 500 万美元。"他却回答我说："我做的计划从不低于 1000 万美元！"①

的确，目前很多职业经理人总是好高骛远，总是热衷于西方的规模战略，殊不知，这样的战略不适合于创业初期、中期的企业。为了有效地规避 MBA 职业经理人可能存在的问题，马云却热衷于内部培养。

马云的做法跟中国目前很多企业家的做法迥然不同，甚至有些相悖。在一些企业中，为了引进 MBA 人才，或者是引进明星团队，不惜巨资。

在团队问题上，非常多的创业者都倾向于引进明星团队。在这里创业者的意识中，明星团队就意味着渠道、人脉和品牌效应。

殊不知，花费巨资而引进的明星团队却不能创造所期望的价值时，甚至会有给初创企业带来灭顶之灾的可能。

有研究坦言，马云慎用明星团队或者 MBA 团队，主要是源于马云在阿里巴巴经营中就吃过 MBA 团队的亏，这个教训让马云对 MBA 团队较为慎重。

尔后，马云甚至向商学院发飙称，三年来，我的企业用了很多的 MBA，95%都不是很好。马云说："作为一个企业家，我发现 MBA 教育体系上将进行大量的改革。三年来，我的企业用了很多的 MBA，包括从哈佛、斯坦福等学校，还有国内的很多大学毕业的，95%都不是很好。"

在马云看来，MBA 职业经理人不好的原因，还是其教育脱离于实际。马

---

① 马云.马云：不要迷信 MBA[N].中国食品报·冷冻产业周刊，2010-04-05.

云说:"我希望调整MBA自己的期望值,MBA自认为是精英,精英在一起干不了什么事情,我跟MBA坐在一起,他们能用一年的时间讨论谁当CEO,而不是谁去做事。"

在2001年,作为阿里巴巴船长的马云把自己的四个同事送到哈佛大学商学院、沃顿商学院念MBA。其中一个同事去了哈佛大学商学院;另外三个同事去了沃顿商学院。

为此,马云坦言,那些新到公司的毕业于商学院的MBA人才,总是有怀才不遇之感,似乎总有满肚子的不满:"基本的礼节、专业精神、敬业精神都很糟糕,一来好像就是我来管你们了,我要当经理人了,好像把以前的企业家、小企业家都要给推翻了。这是一个大问题。进商学院首先是学什么?作为一个企业家,小企业家成功靠精明,中企业家成功靠管理,大企业家成功靠做人。因此,商业教育培养MBA,首先要做的是做人关。"

可以说,马云的这番言论对代表着商业教育培养出来的MBA毕业前夕应当做什么也有自己的一番见解。马云称,"教授总是认为自己是最好的,但是我觉得商学院的客户是谁?是我们的这些企业、这些用人单位,企业的声音要听。[①]"

[①]商学人物:创业教父马云的三大绝招[J].经理人,2010(11).

TWO 第二章

创业要找最合适的人，不一定要找最成功的人

创业初期要寻找那些没有成功，渴望成功，团结的团队。等到事业达到一定程度的时候，再请一些人才。创业要找最合适的人，不一定要找最成功的人。

——阿里巴巴创始人 马云

■ 聘请员工要找最合适的而不是最天才的

> 在聘请员工的时候，应该找最适合的，而不一定非要最"天才"的人才。在你的公司还不够强大时却想要聘请高端人才，就好比将波音747的引擎放到拖拉机里。即使引擎放得进去，但要知道拖拉机是永远飞不起来的。
>
> ——阿里巴巴创始人 马云

在很多创业者的意识中，天才员工是最好的。其实则不然。马云认为，创业者在聘请员工时，要找最合适的而不是最天才的。

马云在《聘请员工要找最合适的而不是最天才的[①]》一文中坦言："2001

---

①马云. 马云：聘请员工要找最合适的而不是最天才的[J].中国企业家，2009（11）.

年的时候，我犯了一个错误，我告诉我的18位共同创业的同仁，他们只能做小组经理，而所有的副总裁都得从外面聘请。现在十年过去了，我从外面聘请的人才都走了，而我之前曾怀疑过其能力的人都成了副总裁或董事。"

在该文开篇，马云就指出，"必须依赖并关心员工。你的员工，你的团队是唯一能够改变一切的力量。员工是帮助你实现梦想的基础。大企业总是抱怨创新过程中所碰到的问题，它们不知道如何实现目标，原因是它们没有倾听员工的意见。它们把太多的精力花在了股东身上。股东会给你很多意见，但是在执行过程中，他们却会离你而去。股东随时都在改变主意，但是你的员工却总是和你站在一起支持你。我记得2000年和2001年是最艰难的时候，当时只有一群人同我并肩作战，他们就是我的同事。他们说：'马云，未来两年你不用给我发工资，我会和公司一起坚持到最后，因为你尊重我们，因为客户需要我们。'"

在该文中，马云风趣地说："我给大家讲个笑话吧，要是你认为你的员工都是人才，那么他们就会表现得像个人才，如果你不相信他们的能力，那么他们永远也不会变人才。2000年的时候，在我们筹到五百万美元的资金时，我犯过一次错误。在拥有如此巨额的资金时，我们就开始不断犯错，就是开始尽量寻找并聘请'天才'员工。"

在该文中，马云建议创业者说："我的建议就是寻找适当的人才，然后投资在他们身上，这样，只有他们成长起来时，你的公司才会一同成长发展。"

在该文中，马云觉得他并不聪明，但是马云也不觉得别人比他聪明。马云说："我们上市的时候，公司里出了上千名百万富翁。于是我找他们聊天，我问他们，'你认为什么样的人才是成功人士？为什么我们能获得这样的成功呢？为什么我们在20多岁的时候就能成为百万富翁呢？是因为我们特别勤奋吗？'我觉得有太多比我们更勤奋的人。那么你觉得是因为我够聪明？我觉得我不够聪明。我考大学的时候，足足考了三次才被录取。总是不及格，所以我觉得我并不聪明，我也不觉得你比我聪明。"

在该文中，马云建议创业者说："所以我想告诉大家的是，多关注员工，因为他们是有家庭有梦想的人。他们不只是为了工作而工作，他们还带着他们的梦想并与你共同分享。"事实证明，马云的经验值得创业者学习和借鉴。

陆兆禧接棒的是马云的亮剑精神

> 我相信,我也恳请所有的人像支持我一样,支持新的团队,支持陆兆禧,像信任我一样信任新团队、信任陆兆禧,谢谢大家。
>
> ——阿里巴巴创始人 马云

在2013年5月10日,马云卸任阿里巴巴CEO,陆兆禧接棒。阿里巴巴董事局主席马云2013年5月10日晚在"淘宝十周年"晚会上发表演讲。

马云说,10年之间,淘宝能成功、电子商务能在中国成功,是因为人与人之间建立起了信任关系。他感谢10年来团队给他的信任,也相信新时代是年轻人的时代,希望大家像支持他一样支持继任者陆兆禧及其新团队。

2013年5月10日是阿里成立10周年纪念日,阿里集团在杭州举办了约4万人规模的大型晚会。也是在2013年5月10日晚,马云将正式卸任集团CEO一职,阿里集团原首席数据官陆兆禧接替成为新一任CEO。卸任后,马云将主要负责阿里董事局的战略决策、协助CEO做好组织文化和人才培养等。

对于陆兆禧,马云的公开评价是:参与阿里的文化和组织建设,培养了众多人才,而且有自己独特的领导风格和魅力,有新事务的欣赏和学习能力,对关键问题的判断和决断力,以及强大的执行力和乐观且坚韧不拔的毅力。[1]

可能有读者会问,为什么是陆兆禧接任CEO领导阿里巴巴的团队呢?而来自《中国企业家》的报道称,这主要是源于性格互补,见表5:

---

[1] 简六.马云选人哲学:喜欢3流学校 陆兆禧躺着中枪[J].中国企业家,2013(3).

表5 陆兆禧接任CEO领导阿里巴巴的团队的四个因素

(1)"出身"好	据《马云选人哲学:喜欢3流学校 陆兆禧躺着中枪》一文介绍,"阿里甚至一些搞技术的老员工,都是三流学校毕业。而跟马云在公司里相处最舒服的人,大部分也都有三流学校的背景。"在一些场合下,马云曾公开坦言称,马云不喜欢来自名校的人才,而只需要毕业于三流学校的人才:"我从来就不是传统意义上的优秀学生。初中考高中考了两次。大学考了三次才考了杭州师范学院,而且还是由专科升本科。"
(2)性格互补	资料显示,马云的性格张扬外露,而陆兆禧一直单身,生活没有绯闻,待人随和,陆兆禧平时的风格也是这样,平实、沉稳、低调、谨慎。与高调的阿里巴巴前CEO卫哲相比,显然陆兆禧更加适合做接班人,且兼容性更好。比如媒体记者曾参加马云和陆兆禧一同出席的记者沟通会,马云负责愿景、激情和战略。而陆兆禧则负责解释一些业务,出言十分谨慎,不该说的一律不说,不该预测的一律不预测。
(3)历经考验	作为阿里巴巴创始人的马云,真正关心的还是有能力接替自己的接班人。资料显示,陆兆禧自从孙彤宇去职淘宝之后上位,卫哲事件之后,陆兆禧一直占据第一候选人的位置,并且稳健地没有让这一地位旁落。
(4)治理能力	据《马云选人哲学:喜欢3流学校 陆兆禧躺着中枪》一文介绍,"陆兆禧善于抓住马云真正看重的重点,抓大放小,不属于特别抠细节的执行者,可以说具备战略执行能力。比如主政淘宝时,能够把握马云对于淘宝的定位,不追求财务指标,或者说不追求正向的财务指标,而是关注是否达到负向的财务指标,就是投入一定要足,亏损一定要够,不过早纠缠于如何盈利的思路,而关注如何构建整个平台的生态系统。

THREE 第三章

向唐僧学习团队管理

唐僧这样的领导，对自己的目标非常执着；孙悟空虽然很自以为是，但是很勤奋，能力强；猪八戒虽然懒一点，但是却拥有积极乐观的态度；沙僧，从来都不谈理想，脚踏实地地上班。因此，这四个人合在一起形成了中国最完美的团队。

——阿里巴巴创始人 马云

■ 唐僧团队虽然普通，却是最好的创业团队

> 我比较喜欢唐僧团队，而不喜欢刘备团队。因为刘备团队太完美，而唐僧团队是非常普通的，但它是天下最好的创业团队。
>
> ——阿里巴巴创始人 马云

随着《三国演义》在华夏大地的盛传，为此很多政治家、农民起义者，以及如今的创业者都自觉不自觉地认为，世界上最好的创业团队是《三国演义》中蜀国创业者刘备，及其创业伙伴关羽、张飞、诸葛孔明、赵子龙……

在这个创业团队中，最早加入这个创业团队的关羽武功较高，而且非常忠诚，又是刘备拜把子的兄弟；张飞同样武功较高，忠诚较高，又是刘备拜把子的兄弟；诸葛孔明又是一个难得的初创公司CEO；赵子龙武功较高，忠

诚较高。最有名的就是舍命救刘禅……

应该说，这样的一支创业团队是一支出色的团队了。然而，尽管刘备团队是一支有着很强竞争力的团队，马云却认为，自己却更喜欢《西游记》中的唐僧团队。

马云强调，在《西游记》中，唐僧团队才是一支最好的创业团队。马云说："我比较喜欢唐僧团队，而不喜欢刘备团队。因为刘备团队太完美，而唐僧团队是非常普通的，但它是天下最好的创业团队。"

在《西游记》中，尽管唐僧团队是不存在的，但是《西游记》中的故事却传递给读者的是，唐僧师徒（唐僧、孙悟空、猪八戒、沙僧）四人历经千难万险，最终取得真经。

众所周知，唐僧取经的故事家喻户晓。不过，很多读者都比较看好孙悟空，不仅能腾云驾雾，而且还能斩妖除魔。

在整个取经过程中可谓是不可或缺，而唐僧，手无缚鸡之力，多次落入妖魔鬼怪手里，倘若不是孙悟空前去搭救，唐僧早就被妖魔鬼怪吃掉了，根本不可能取得真经。

这样的人怎么能胜任领导者呢？对此，马云却有自己与众不同的看法："唐僧这个人不像很能讲话，也不像个领导的样子，但是他很懂得领导这个团队。他领导的这个团队前往西天取经，历经磨难却没有走散，足以证明他是好领导。"

马云坦言："唐僧其实很懂得怎样去管制他的员工——念咒。他知道猪八戒不会出大问题，让他慢慢去弄，对不对？他也知道沙和尚要时而鼓励一下，这是好领导。好领导不是一定像马云一样，能侃、能说、会演讲。领导者就是要坚定不移地坚持自己的信念；领导者就是要不管遇到多大的困难，说我去了，你们可以离开。即使你们离开，我还是去的，这是领导者。"

马云的话是非常有道理的。尔后在媒体记者采访马云的事件中就印证了这一点。在媒体记者与马云交谈时，突然谈到需要从电脑上查找一些资料。

然而，让媒体记者感到意外的是，马云花很长一段时间也没有找到想要的资料。于是，马云不得不打电话求助秘书前来帮忙。

然而，让很多创业者疑惑的是，马云这个电脑"菜鸟"却领导着一大群IT天才，创造了"芝麻开门"的神话。

然而，神话的创造者马云就如同唐僧不懂降妖除魔，却能带领齐天大圣孙悟空、天蓬元帅猪八戒、卷帘大将沙僧披荆斩棘，取得真经一样。

马云说："要是公司的员工都像我这么能说，而且光说不干活，会非常可怕。我不懂电脑，销售也不在行，但是公司里有人懂就行了。"

在马云看来，一个企业里不可能全是孙悟空，也不可能都是猪八戒，更不可能都是沙僧。研究发现，在唐僧取经这个团队中，其成员不仅有优点，而且缺点也很明显。

比如：作为领导者的唐僧除了专注取经什么都不会做；孙悟空有通天的本领，但是脾气暴躁，动不动就要打要杀；猪八戒富有幽默感，可是好吃懒做，大错没有、小错不断；沙和尚始终任劳任怨，但是一直没有大的作为。

在马云眼里，唐僧团队就是一个好团队，这样的团队却好比"一个唐僧三个孙悟空"的团队更能够精诚合作、同舟共济。马云对每一个人物都作了分析：

"唐僧虽然没有什么特别的本事，但是意志异常地坚定，有很强的使命感。他要去西天取经，谁都改变不了他的想法，一定要取到真经才肯罢休。不该做的事情，他一定不会去做的。

孙悟空能力很强，但有时候经常犯错误。这种人每个单位都有，对不对？都是孙悟空的公司没法干了，没有孙悟空的公司也没法干。

猪八戒好吃懒做，但是他特幽默，团队需要这样的人。据说他是最理想的丈夫，其实他才华横溢，与他的长相成反比。

沙和尚是最勤恳，他说你不要跟我讲理想，讲奋斗目标，我每天上八个小时的班，早上到，晚上回去。这样的人，也少不了。

一个企业里不可能全是孙悟空，也不能都是猪八戒，更不能都是沙和尚。要是公司里的员工都像我这么能说，而且光说不干活，会非常可怕。"

在马云看来，让适当的人处在适当的位置上，承担适当的责任是非常重要的。就像大雁南北飞翔一样，雁群成员会挑选一只最强壮的大雁担任头雁，掌控方向，带领所有的大雁飞翔。然后挑选另外两只强壮的大雁断后，让他们照顾在中间飞行的年幼的、体弱的大雁，爱护、关怀、鼓舞每一只大雁，防止他们掉队。这样的安排既保证了团队的飞行效率，又保护了新生力量的成长。大雁这种团队性强的动物，总是能给人无限的启发。①

事实证明，在一个团队中，要想达到效率最大化，就必须发挥每一个团队成员的个人优势。纵观唐僧取经过程中，唐僧师徒四人这个取经团队之所以能够最终取得真经回来，关键在于，唐僧师徒四人这个取经团队的成员能够优势互补、目标统一，每个人都能发挥自己的优势，所以形成了一个越来越坚强的团队。阿里巴巴能够有今天的成就，也是因为掌握了这样的诀窍，平凡的人一起做不平凡的事，互相扶持，就能做到最好。②

正如马云在公开演讲中说的那样："这四个人，经过九九八十一个磨难，最后西天取到真经，这种团队到处都是。每个人都有自己的个性，关键是领导者，如何让这个团队发挥作用，凝聚在一起，这才真正算是'唐僧式'的好团队。有了猪八戒才有了乐趣，有了沙和尚就有人担担子，有了孙悟空才能斩妖除魔。少了谁也不可以，这就是团队精神。关键时也会吵架，但价值观不变。我们要把公司做大、做好。阿里巴巴就是这样的团队，在互联网低潮的时候，所有的人都往外跑，但我们是流失率最低的。"

众所周知，不管是在一个创业企业中，还是一个创业项目中，团队的成功，往往与创业团队的领导者有着很大的关联。一个团队要具备不同的人才，如果没有正确的管理方式，这些人才就会是一盘散沙。马云一直致力于在团队中时刻发挥表率作用，虽然他不会销售，也不懂技术，但是他能用他的方法把阿里巴巴团队中所有人凝聚在一起，让不同的人朝共同的方向使劲，这就是成功。③

---

① 吴能文.落实力就是战斗力[M].北京：新世界出版社，2008.
② 周星潼.芝麻开门:成就阿里巴巴网络帝国的13个管理法则[M].武汉：华中师范大学出版社，2012.
③ 周星潼.芝麻开门:成就阿里巴巴网络帝国的13个管理法则[M].武汉：华中师范大学出版社，2012.

■ 激发团队的想象力

> 我现在认为,当一个企业有一定规模的时候,首先要做的就是把自己忘了。记住我们,记住别人,这样才能坚持,才能有团队,梦想才不是空想,而是变成了大家的理想,别人才有机会,从而也就激发了整个团队的想象力。
>
> ——阿里巴巴创始人 马云

作为创业者,如果你问马云,"什么样的团队最完美?"马云的回答却是"唐僧团队"。

马云说:"唐僧这样的领导,对自己的目标非常执着;孙悟空虽然很自以为是,但是很勤奋,能力强;猪八戒虽然懒一点,但是却拥有积极乐观的态度;沙僧,从来都不谈理想,脚踏实地地上班。因此,这四个人合在一起形成了中国最完美的团队。"

可能读者要问,维持唐僧团队的核心是什么?是粮食吗?显然不是,唐僧团队走到哪里都可以化缘,而且还有不少大人物因为他们的目标而慷慨解囊,因为他们觉得唐僧团队想要实现的是一个伟大的目标。所以,维系团队的真正核心是价值观。[1]

马云认为,"一个公司最值钱的东西是共同的目标、价值观,是这些东西支撑着整个企业。我们的员工可以业绩不好,不可以价值观不好。我们是平凡的人在一起做不平凡的事,如果你认为你是杰出的,你是精英,请你走开。"

事实上,作为一个创业公司,一开始就要有自己的使命感、价值观,只有具有了共同的目标和使命,才能保持团队永远紧密不可动摇。[2]

针对这个问题,马云在2003年接受《财富人生》节目的访谈时坦言:"我希望在公司管理的过程中,很坦诚地把自己的思想说出去。同时要想真正领导他们还必须要有独到眼光,必须比人家看得远,胸怀比别人大。所以我

---

[1] 金错刀.马云管理日志[M].北京:中信出版社,2009.
[2] 金错刀.马云管理日志[M].北京:中信出版社,2009.

花很多时间参加各种论坛,全世界跑,看硅谷的变化、看欧洲的变化、看日本的变化,看竞争者、看投资者、看自己的客户。看清楚以后,告诉他们:这是我们自己的发展方向!你一定要比投资者更有说服力!投资者不可能跟我一样去拜访客户。然后我会拿出一张蓝图,我的同事也不可能拿出这张图来,所以我拿出这样的图时他们会觉得:好!我们就这么走!一个企业最重要的是:从初建的时候就要有自己的使命感、价值观,还有一个共同的目标。我们这些人呼吸与共,就算他们挖走我的团队,肯定也得把我一起挖去。"

的确,在唐僧取经的路上,千难万险,而如何才能激发团队的想象力就摆在唐僧的面前,而作为领导者的唐僧把价值观灌输在团队中,并且深度融入。这样就使得整个团队齐心合力。

在阿里巴巴的发展中,价值观也同样激励着阿里巴巴的团队成员。一位高层这样描述阿里巴巴公司的价值观:"阿里巴巴的价值观重要的是在于召唤,我们把这些价值观写成文字是因为我们本来就是这样工作的人。"

马云回忆说:"在1999年、2000年经过互联网的'文化大革命'之后,我们请了一批人,100名员工来自17个国家,各个人的价值观都是不同的,都认为自己的方向是对的。如果一个企业没有共同的方向,就像在拔河过程中往不同的方向使力一样,就永不会赢,没有共同的目标企业就不会往前走。所以继延安整风运动之后我们便统一思想,建立共同的价值观。所以每个员工进入我们之前都要认同我们的企业文化,做一家80年的企业,而不是做八个月。要成为全世界十大网站之一,而不是全国十大网站之一。"

然而,在如何才能激发团队的想象力这个问题上,马云却说:"我现在认为,当一个企业有一定规模的时候,首先要做的就是把自己忘了。记住我们,记住别人,这样才能坚持,才能有团队,梦想才不是空想,而是变成了大家的理想,别人才有机会,从而也就激发了整个团队的想象力。"

作为创业者,如果你问马云,"在招聘团队成员时,会注重哪些方面?"马云告诫创业者:"公司现在有两万多名员工,但我从来没看过任何人的简历。因为简历中虚假的成分太多,念这么多年书,不能证明自己能干什么。我反而很喜欢那种自认为平凡的人,因为他们愿意去学习,愿意去尝试。"

FOUR 第四章

天下没对手能挖走我的团队

> 天下没人能挖走我的团队!
> ——阿里巴巴创始人 马云

■ 没有"十八罗汉",阿里巴巴不可能成功

> 我有一个优秀的财务总监蔡崇信和 Li Chee,我们在一起合作已经很多年了。没有他们就没有阿里巴巴;而没有我的话,还会有另一个阿里巴巴。我们一定能成功。就算阿里巴巴失败了,只要这帮人还在,想做什么就一定能成功!
> ——阿里巴巴创始人 马云

事实证明,在当今激烈的企业竞争中,个人英雄主义已经告别了历史舞台,单打独斗的剑客时代已经成为历史,唯独高效的团队合作才能赢得竞争。

在阿里巴巴这个企业中,做强做大阿里巴巴的不仅仅是马云一个人,而是马云和他的团队——"十八罗汉"。

时至今日,马云和他的"十八罗汉"的故事已经传遍大江南北。在创办阿里巴巴的初期,阿里巴巴非常弱小,而在此刻,创业团队面对的是超负荷的工作量,而只能拿到微薄的薪酬。

据马云回忆说:"做客服的女孩子们经常要讨论、交流工作,而工程师则

需要安静的环境。为了能够静下心来思考，这些工程师们把自己关在一间小屋里，与世隔绝，并尽量和客服部的女孩子们错开工作时间，选择每天晚上十点到凌晨四点工作。加班加得晚了，这群人索性在会议室里打地铺，第二天起来继续干。其他同事早上到公司时，常会看到一大堆男人们倒在地板上鼾声如雷的景象。"

从马云的回忆中不难看出，创业时期非常艰难。然而，创业伙伴却在努力拼命地工作着。这些创业伙伴奋斗的目标只有一个，就是和马云一样，要在一家中国人创办的全世界最好的公司做事。

尔后，马云在公开场合坦言："虽然你是创办人、是股东，但公司也可以不聘请你。如果你业绩不佳，也不一定能在管理岗位上做下去。当然你可以享受投资回报。"

马云感叹："阿里巴巴创业的时候，18个人，在杭州湖畔花园，尽量地吵，尽量地闹。有时候吵架也是一种缘分，闹更是一种缘分。我们是一个团队，大家互相交流、沟通，这是很大的缘分。"

在很多场合下，一旦提及阿里巴巴初创时期的事情。事实上，马云在很多场合下都谈到过"十八罗汉"随他回杭州创办阿里巴巴的经过。

尽管已经十多年了，但是马云却仍然非常感动地说："阿里巴巴可以没有我，但不能没有这个团队。多年来，各种各样的压力很多很多，但是每次团队都给了我很大的勇气、很多鼓励。"

马云的回忆足以证明，团队才是阿里巴巴这个巨头成功的核心所在。马云深知，在阿里巴巴公司，如果没有阿里巴巴当初创业的"十八罗汉"，没有如今的经营团队，就根本不可能让阿里巴巴引领潮头。

不管是在私下，还是在公开场合的演讲中，马云都坚持团队造就了阿里巴巴的观点："我是个非常幸运的人，在我身陷困境的时候，总能遇到好人。这一切都是人际关系，是友谊，是合作伙伴关系。我很开心，因为我有一个优秀的财务总监蔡崇信和Li Chee，我们在一起合作已经很多年了。没有他们就没有阿里巴巴，而没有我的话，还会有另一个阿里巴巴。我们一定能成功。就算阿里巴巴失败了，只要这帮人还在，想做什么就一定能成功！我们可以输掉一支产品、一个项目，但不会输掉一支团队。"

事实证明，若想创业成功，没有一个好的团队肯定是要失败的。这个道理虽然很简单，但是作为创业者，要想组建一支能文能武的团队却又是相当困难的。

马云告诫创业者说，在创业初期，千万不要把一些曾经成功，或者如今已经很成功的人聚集在一起，尤其是那种35~40岁就已经功成名就的人，和那样的人合作会非常困难。

作为《赢在中国》的创业导师，马云就此点评创业选手，而该创业选手曾自信满满地对马云谈到，他不仅有一个较好的创业项目，而且更重要的是该创业选手拥有一个非常优秀的明星团队。

于是，该创业选手理所当然地认为，这个创业明星团队必定给他的创业企业带来很大的发展前景。

然而，让该创业选手失望的是，马云不但不看好，反而感到担心。马云对该创业选手说："你骄傲的是你的团队，你的团队恰恰是我最担心的。创业时期千万不要找明星团队，千万不要找已经成功过的人跟你一起创业。在创业时期，要寻找这些'梦之队'，即没有成功、渴望成功、平凡、团结、有共同理想的人，这个是我看了很多人的创业过程得出的。"

尽管该创业选手不理解，但是马云考虑这样的问题，其原因是，没有成功却渴望成功的人不仅学习能力很强，工作激情也很大，而且容易接受别人给他的意见，所以是最合适的创业伙伴。而成功过的人，心里已经有了自己的理论和模式，所以很难接受别人的意见。①

马云自豪地说，阿里巴巴就是一个名副其实的"梦之队"，更重要的是每一个成员都清楚该如何做。

马云建议创业者，在创业前，要让每一个队员都明白创业者自己的想法，并让他们赞同，而不仅仅是给他们发工资而已。

马云说："一个人打天下永远不行，你没这个能力，打天下要靠整个团队。找这些团队成员，不要他们为你工作，你要告诉他们你的理想是什么。'这是我的梦，你愿不愿意跟我一起实现。我现在是一个疯子，你愿意就跟我走，不愿意就不要跟我走。'"

不可否认的是，当下有些创业者认为，只要创业者拥有足够的能力、充

---

① 周星潼.芝麻开门：成就阿里巴巴网络帝国的13个管理法则[M].武汉：华中师范大学出版社，2012.

裕的资金和前瞻的技术。创业者一个人也能单枪匹马地杀出重围，从而成为隐形冠军。

马云却不以为然，告诫这类创业者说："不要妄想一手遮天，在现在的社会中，抱团才能打天下。"

马云就拿阿里巴巴举例说，今天阿里巴巴取得的成绩离不开阿里巴巴十多年的艰苦卓绝的努力和奋斗牺牲。同样，对于任何一位创业者来说，只有拥有一支竞争力较强的创业好团队，那么才能真正地做到战无不胜、攻无不克，真正地才能成为隐形冠军。

■ 马云的团队为什么没人能挖走

> 作为一个CEO，我不希望我手下的同事是奴隶，因为我控制了51%以上的股份，所以你们都得听我的，没有意义。
>
> ——阿里巴巴创始人　马云

在媒体的曝光率中，马云的出镜率非常高，与低调的华为创始人任正非形成非常鲜明的对比。马云屡屡被媒体欢呼众捧，而任正非却很少被媒体曝光。

当然，在这些报道中，马云可不止一次被称为"狂人"。而马云"语不惊人死不休"的观点被媒体一浪高过一浪出现在头版头条。

在公开场合，马云面对媒体说，没企业能挖走阿里巴巴的管理团队。马云凭什么敢说出这样的话，是马云的自信，还是作秀呢？

答案当然是自信。在2003年，马云接受《财富人生》节目的访谈时说："我永远相信一点就是不要让别人为你干活，而是为一个共同的目标和理想去干活，我第一天说要做80年的企业、成为世界十大网站之一。我们的理想是不把赚钱作为第一目标，而把创造价值作为第一目标。这些东西我的股东和董事还有我的员工都必须认同，大家为这个目标去工作，我也是为这个目标去工作。作为一个CEO，我不希望我手下的同事是奴隶，因为我控制了51%以上的股份，所以你们都得听我的，没有意义。"

事实上，在很多创业公司中，一些创业者偏爱"山头主义"。然而，马云却采取了另一种做法，为共同的价值观和理想工作。

在阿里巴巴公司，团队精神的解释却是这样的：共享共担，以小我完成大我。乐于分享经验和知识，与团队共同成长。有团队主人翁意识，为团队建设添砖加瓦。在工作中主动相互配合，拾遗补缺。正面影响团队，使大家积极地朝着同一个方向前进。①

马云坦言："一支团队能支撑着走到现在，靠的就是价值观、使命感。企业文化是空的、虚的，没有支撑着的东西是无法前进的。价值感与工资是阴阳八卦、阴阳调和两手都要硬。我们公司成立的第一天起从CEO到保安公司每个人都持有股份。我们要用智慧、眼光来引导员工。我们对进来的员工都给予他们三样东西，一是良好的工作环境（人际关系），二是钱（今天是工资，明天是奖金，后天是每个人手中的股票），三是个人成长。第三点是非常重要的，公司要成长首先要让员工成长，人力资源不是人力总监一个人的事，从CEO到每个员工都要认真对待的事。要让员工成长是件很困难的事，要很长的一段时间，我们还要做到的是帮助外面刚进来的员工怎样融入到我们这个团队。②"

众所周知，带团队就是带人心。在阿里巴巴的创业团队中，团队成员被马云这个"路见不平、拔刀相助"热心肠的感动着。

在杭州师范学院英语专业学习期间，作为学院学生会主席的马云，经常帮助其他同学。比如：班上一名同学专业成绩相当不错，却因为一点错误被取消其研究生考试资格。

客观地讲，如果该同学不能参加研究生考试，那么就不会有专业发展的机会。当然，也就意味着该同学被分配回远在农村的家乡去教书。

---

① 金错刀.马云管理日志[M].北京：中信出版社，2009.
② 马云.马云：唐僧管理的团队[EB/OL].2014.http://finance.eastmoney.com/news/1355, 20110509134738813.html.

面对这样的情况，马云先是去找班主任，然而去找系领导，最后去找院领导汇报这个情况。马云为此花了两天半的时间才说服学校同意恢复那位同学的考试资格。

然而，让马云没有想到的是，这件事情时隔近十年之后，马云却得到了该同学的热情接待："我听老同学们说你到了深圳，所以专门从广州赶来看你。"

此刻的马云一脸茫然，定神一看，正是当年在他的热心帮助下才得以走上考场、最终考上研究生的同学。此时，该同学已是一家著名的外资企业广州分公司的总经理。

面对此情此景，马云却说："虽然也有被出卖的伤痛，但一颗善良宽容的心，总能交上一大把真诚的朋友。现在不定什么时间，突然没来由地会有一个朋友打电话过来：喂，马云，现在怎么样？没什么大不了的，有事我们给你扛着！"

当然，正是因为马云的"路见不平、拔刀相助"，使得马云在上学和在大学任教期间如同及时雨宋江一样结识了许多日后同甘共苦、风雨同舟的创业伙伴。

在阿里巴巴创业伙伴中，就有马云当年的朋友、马云当年的同事、崇拜马云讲课出色的学生，以及在夜校等地方认识的商人。

在马云的创业过程中，无论是马云率队北上，还是回到杭州创业，总有一些不离不弃的伙伴形影相随，比如昔日的同事、现任阿里巴巴副总裁的彭蕾，昔日的学生周悦红、韩敏、戴珊、蒋芳等人，因为对这位曾经的马老师的钦佩和敬慕，他们"脑子一热"也跟着马云一起闯荡商界了。在后来的阿里巴巴创业元老"十八罗汉"核心成员中，竟然有一大半是马云的学生，这在全世界的创业案例中也是极其罕见的。[1]

当然，这也就是"狂人"马云敢于无比自豪地站在中央电视台的演播大厅里，对着镜头告诉全中国亿万观众"天下没人能挖走我的团队"[2]的真正原因。

---

[1] 王傅雷.左手马云右手史玉柱[M].北京：北京理工大学出版社，2009.
[2] 王傅雷.左手马云右手史玉柱[M].北京：北京理工大学出版社，2009.

MA YUN
BUSHI TELI

第五部分
点滴的完善就是最好的管理

造就一个优秀的企业,并不是要打败所有的对手,而是形成自身独特的竞争力优势,建立自己的团队、机制、文化。

——阿里巴巴创始人　马云

第一章 ONE

别把飞机引擎装在拖拉机上

就好比把飞机的引擎装在了拖拉机上，最终还是飞不起来一样，我们在初期确实犯了这样的错。那些职业经理人管理水平确实很高，但是不合适。

——阿里巴巴创始人 马云

■ 飞机引擎装在拖拉机上无疑会"水土不服"

> 与众多的中小企业一样，阿里巴巴也希望员工像姜大牙一样，不断改造，不断学习，还要不断创新，这样企业才能持续成长。
>
> ——阿里巴巴创始人 马云

在创业的道路上，很多创业者都愿意把飞机的引擎装在拖拉机上，使得创业企业快速前行。然而这样做不仅不能前进，殊不知还可能会倒退。

在这方面，马云也犯过同样的错误。马云在很多场合下回顾说，在阿里巴巴发展过程中，他们也犯过许多错。比如：阿里巴巴在创业早期，阿里巴巴请过很多"高手"，甚至还有一些来自500强大企业的管理人员加盟阿里巴巴，结果却是"水土不服"。

造成500强大企业管理人员"水土不服"的原因，马云是这样解释的：

"很简单,把飞机引擎装在拖拉机上是浪费的,很大的浪费,装上以后拖拉机的性能不见得就比原来好,我觉得经过这样处理的拖拉机可能连启动都无法完成了,在人才的选用上也是同样的道理,假如你是一家很小的企业,你非要把世界一流的人才请过来,这样的人才不一定适合你的企业,你的企业也不一定有能力提供他施展才华的舞台,如果这个人觉得在你的企业不愉快的话,他可以马上跳槽,因为世界一流的企业需要一流的人才,什么才叫人才?在适当时候最适合这个岗位的人就是人才,MBA不一定就适合你这个企业,农民也不一定就不适合你这个企业,把人用对,让他在最适合的岗位上发挥最大的能量就OK了,这就算我们用人用对了。"

在人才引进问题上,马云也同样犯过众多创业者常犯的错误。不过,马云坦言,在创业的过程中,与众多的中小企业一样,阿里巴巴也希望员工像姜大牙一样,不断改造,不断学习,还要不断创新,这样企业才能持续成长。

马云说:"前些天,我组织公司的一些高层看《历史的长空》。这是一部很好的电视剧,讲述了一个农民如何逐步成长为将军的故事。主人公姜大牙一开始几乎是个土匪,但是通过不断学习、实践,不仅学会了游击战、大规模作战、机械化作战,而且还融入了自己的创新,最终成为一个百战百胜的将军。与众多的中小企业一样,阿里巴巴也希望员工像姜大牙一样,不断改造,不断学习,还要不断创新,这样企业才能持续成长。"

在变革的时代,在面临转型的中国。马云告诫创业者,如果初创企业不能适时地应变时代的发展和消费者的个性化需求变化,如果不能不断创新出适销对路的产品,那么作为创业者而言,要想做百年企业的想法简直就是一件痴心妄想的事情。

针对这个问题,马云总结说:"造就一个优秀的企业,并不是要打败所有的对手,而是形成自身独特的竞争力优势,建立自己的团队、机制、文化。我可能再干5年、10年,但最终肯定要离开。离开之前,我会把阿里巴巴、淘宝独特的竞争优势、企业成长机制建立起来,到时候,有没有马云已并不重要。"

■ 飞机引擎装在拖拉机上还是拖拉机

> 离开之前，我会把阿里巴巴、淘宝独特的竞争优势、企业成长机制建立起来，到时候，有没有马云已不重要。
>
> ——阿里巴巴创始人 马云

在马云办公室的墙上，挂着一幅"善用人才为大领袖要旨，此刘邦刘备之所以创大业也。愿马云兄常勉之"的题字。

这幅题字是武侠小说大师金庸的墨宝。在2000年，金庸题字给马云。为此，马云坦言说："我挂在办公桌前面，这是给自己看的，挂在后面是给别人看的。天天看到这个，也是对自己的一种提醒。"[1]

在马云看来，这样的方法只能将初创企业带向深渊。在拖拉机上，不管是安装飞机引擎，还是坦克引擎，拖拉机始终是拖拉机。

在1999年9月，经过马云等创业团队的精心筹划，终于创办了阿里巴巴网站。阿里巴巴网站在刚刚成立时，马云对他的团队说："从现在起，我们要做一件伟大的事，我们的B2B将为互联网服务模式带来一次革命！我们要在中国一个小城市创造一个世界一流的企业。我们要在五年内成为世界十强。你们现在可以出去找工作，可以一个月拿三五千元的工资，但是三年后你还要去为这样的收入找工作，虽然我们现在每个月只拿500元的工资，一旦我们的公司成功，就可以永远不为经济所担心了。"

在马云的战略中，阿里巴巴要为中小企业提供一个敲开财富之门的平台。融到500万美元风险资金的马云，作出了一个大胆的决定，从中国香港特别行政区和美国等世界500强企业引进大量的外部人才。

马云在公开场合宣称："创业人员只能够担任连长及以下的职位，团长级以上全部由MBA担任。"

在这次人才引进中，阿里巴巴引进了不少人才。在第一拨大规模人才引

---

[1]解放日报.马云商道真经：别把飞机引擎装在拖拉机上[N].解放日报，2008-09-09.

进中。据说，阿里巴巴12个人的高管团队成员中除了马云自己，全部来自海外。①

在尔后的几年时间里，阿里巴巴聘用了更多的MBA人才，而这些MBA人才来自，包括哈佛、斯坦福等世界著名大学商学院；也包括国内知名大学商学院MBA人才，但是由于"水土不服"等原因，马云还是壮士断腕，把这些花巨资引进的MBA人才辞退了95%。

可能读者会问，马云葫芦里到底卖什么药呢？其实道理很简单，对于创业企业人才而言，"适用"就是人才。

针对这个问题，马云在公开场合解释说，马云对那些被辞退的MBA人才的评价是："基本的礼节、专业精神、敬业精神都很糟糕。"

在这些MBA人才的意识中，被阿里巴巴引进，就是专门负责管人的，甚至这些MBA人才加盟阿里巴巴后就要把阿里巴巴所有的东西都给推翻。马云由此总结出一个关于人才使用的理论："只有适合企业需要的人才是真正的人才。"

马云忠告创业者，"适用"就是人才。然而，在很多经营者的意识中，只有高学历、高职称的人才能算是人才，否则即使有通天的本领，没有一纸文凭或职称，也不能称其为人才。但是，西方却有这样一句名言"垃圾是放错位置的财富"。是不是人才，关键是看把他放在什么位置上，让他去做事，只要他在这个位置上能够做好，做出成绩来，他就是人才；如果不行，即使顶着再多的桂冠，他也不是人才。②

---

①解放日报.马云商道真经：别把飞机引擎装在拖拉机上[N].解放日报，2008-09-09.
②解放日报.马云商道真经：别把飞机引擎装在拖拉机上[N].解放日报，2008-09-09.

第二章 TWO

将社会责任感植入到商业模式中去

社会责任不该是一个空的概念,也不单纯局限于慈善、捐款,而是与企业的价值观、用人机制、商业模式等息息相关。

——阿里巴巴创始人 马云

■ 企业必须要有社会责任感

> 帮助许许多多的中国企业适应全球化的现实,更快速、更深入地融入到世界中去,带动大家把自己的企业做好,用自己的产品和服务对社会承担责任,依法纳税,创造更多的就业机会,形成一种良性的促进,这就是阿里巴巴从事公益事业的最佳方式。
>
> ——阿里巴巴创始人 马云

在多种场合下,一些创业大师已经把"企业家的社会责任"列为一个重要的话题来谈。当然,"企业家的社会责任"的话题不仅在中国,甚至在全球企业界也是热门话题之一。

随着中国企业的做强做大,中国企业界也开始频频将"社会责任"作为企业家评价体系中一个核心的考量指标。但关于什么是社会责任，却往往众说纷纭，莫衷一是。

有的将社会责任窄化为慈善、捐款等外在举动，有的则将其归于关乎企业家道德水准的抽象范畴。对此问题①，曾经被权威机构评为"中国杰出雇主"的阿里巴巴集团给出了不同的定义。

马云说："社会责任不该是一个空的概念，也不单纯局限于慈善、捐款，而是与企业的价值观、用人机制、商业模式等息息相关。做企业赚钱，赚很多的钱，许多人都这么想，但这不是阿里巴巴的目的。让员工快乐工作成长，让用户得到满意服务，让社会感觉到我们存在的价值，这才是阿里巴巴的社会责任感所在，至于赚钱和社会回报，那是水到渠成的事。"

当马云在谈及阿里巴巴是否会在公益事业上有所作为时，马云的回答却意味深长。马云认为，"帮助许许多多的中国企业适应全球化的现实，更快速、更深入地融入到世界中去，带动大家把自己的企业做好，用自己的产品和服务对社会承担责任，依法纳税，创造更多的就业机会，形成一种良性的促进，这就是阿里巴巴从事公益事业的最佳方式。"

马云的观点得到了清华大学孙立平教授的认可。孙立平在谈及企业社会责任时指出，企业应遵循"由近及远"的原则，要从善待员工、优化企业运营、参与地方社区建设做起。这个观点与阿里巴巴的理念不谋而合。②

在马云看来，社会责任不该是一个空的概念，也不单纯局限于慈善、捐款，而是一个企业不仅要承担社会责任，更应该把社会责任贯穿于企业的商业模式中去。

马云在多个场合强调，在中国，如今有十多亿人口，20年以后可能很多人因为各种各样的原因失业，希望电子商务帮助更多的人有就业机会，有了就业，家庭就能稳定，事业发展，社会也就能稳定，这也是企业社会责任的一种体现。③

---

① 流水.马云：企业家要将社会责任植入商业模式[EB/OL].2014.http://news.ccw.com.cn/people/htm2007/20070104_233722.shtml.
② 王云.构阿里巴巴的理想世界[J].中国电子商务，2007（4）.
③ 流水.马云：企业家要将社会责任植入商业模式[EB/OL].2014.http://news.ccw.com.cn/people/htm2007/20070104_233722.shtml.

基于此，马云经常强调阿里巴巴不是一个电子商务公司，而是一家服务公司，这一服务的工具是遍及全世界的互联网。他认为，由于中国社会正处于剧烈的转型过程中，所以外部商业环境还存在诸多不如人意之处，阿里巴巴能够做到的就是帮那些在现实环境中受限的中小企业找到走出困境的途径。这个途径就是B2B电子商务模式。[①]

马云创建的阿里巴巴B2B模式就是让数千万中小企业打破了来自时间、空间的限制，在一个简单实用的平台上更充分地发挥他们的商业智慧。不仅由此改变了几乎每个参加过阿里巴巴网商论坛的用户，而且还改变了很多人、很多企业的命运——在一个简单实用的平台上找到产业链的上下家，也提升了整个中国中小企业阶层在国际上的声誉，同时也推动阿里巴巴顺理成章地成为最大的电子商务企业。[②]

当然，对于践行的社会责任，马云创建的阿里巴巴仍然还在继续，且雄心未减。正如马云所说："今后我们还要努力，要成为亚洲最佳雇主公司，乃至全球最佳雇主。"

在"2006（第五届）中国企业领袖年会"上，马云强调，今天社会责任感不能在务虚上，要务实。马云坦言：我在1999年，跟创业者讲了两件事，其中一个我们说把对社会的责任感植入到商业模式中：

第一你的产品和服务必须对社会负责，如果你卖的产品和提供的服务对社会有害的，不管做得再成功也不行，所以这几年根据这个目标做了很多，比如短信最红火的时候我们不做，我觉得短信不能帮助中国企业走出暂时的困境，游戏现在确实赚钱，不是考虑用户的未来，以及人类社会商业社会的未来，所以我说再多的钱也不赚，我不赚自己儿子的钱，也不希望赚别人的钱。我坚信电子商务一定会改变社会，有个游戏永远玩不腻就是赚钱，我必须把我的产品和服务植入到商业模式当中，如果中小型企业不喜欢我的产品和服务，做得再好也会死，所以一个企业社会责任感应该跟商业模式结合在一起。

---

①王云.构阿里巴巴的理想世界[J].中国电子商务，2007（4）.
②流水.马云：企业家要将社会责任植入商业模式[EB/OL].2014.http://news.ccw.com.cn/people/htm2007/20070104_233722.shtml.

第二个必须依法纳税，有企业年底捐款，平时想最多的事情是怎么样能够偷税漏税，这些企业我也看不起，还有企业对员工不负责任，我们可以跟员工讲理想，但是光讲理想员工不会跟你干，如果去年是1800元，明年是1800元，后年还是1800元。我觉得我们公司以人为本的想法，我给经理20个员工，我希望明年20个员工因为他的帮助得到提升，如果20个员工剩下12个员工，那就亏本8个。如果对员工不负责任、股东不负责任、对社会不负责任，这样的企业家就是不负责任的。

的确，马云的社会责任感不仅体现在，产品和服务必须对社会负责，同时依法纳税。在2013年，仅仅在2013年的"双十一"这一天，支付宝的交易额就突破了300亿元。这样的销售额无疑让许多商家羡慕嫉妒恨。面对这样的业绩，一部分认为，这主要是源于网上销售成本低，没有税收成本，所以才能创造这样的奇迹。

面对这个问题，马云在接受央视财经频道《经济半小时》主持人王小丫专访时表示："中国只有电子商务平台给所有企业一个公平公正的平台；电商成本并不低；电商会让整个中国的税降低；企业不交税是不道德的。"

可能读者会问，马云为什么说企业不交税是不道德的，理由有如下三个：

"第一个，我觉得电商的成本不低，你看两块成本，所谓传统行业的成本是它们抢占了市中心最贵的地段，它们凭资金、凭原来的实力和银行的贷款，在最贵的地段，租了最贵的房子，它的成本是高，因为它选择了一条错误的路。而今天电商这块成本是没有，是低的，但他们的时间成本，他们的精力成本，他们的创新成本要比那些店高。今天在淘宝上面，你要不断创新，你是要花很多时间和精力，研究消费者，研究数据，研究新产品，这个成本是另外的成本，所以今天电商不是靠资金打天下，而是靠创新打天下。我刚刚也看了一个哈佛大学教授的评论，今天中国只有电子商务平台给所有企业一个公平公正的平台，很多大企业到各地市都能够拿到税收优惠政策，拿到土地优惠政策，有些企业三年内拿到了近三四个亿的税收优惠政策，因为任何一个小企业、初创企业到县城都拿不到税收政策，拿不到地，拿不到任何东西。

第二个，今天在淘宝上面开店，94%以下是不需要征税的，他们都是在二十几万以下。但是那些6%要征税的，很多在淘宝天猫里面，他们无论自己有工厂、线下有商店还是网上，今天盯上他们的人不会太少，中国很多税务机关，天天的工作就是检查这个卖得很好，去查一查，我们太多的客户碰到这个事情。

第三个，电商会让整个中国的税降低，因为中国有的时候，我们征税成本太高，你交五百块钱，你可能征他的税的成本是七百块钱，所以电商效率更加透明、更加有效，我们是支持收税的，我一直认为，坚信一点，企业不交税是不道德的，整个社会为你的企业做出了巨大贡献，整个社会为你做了配套设施，你不交税，你是不道德的，不仅仅是不合法。①"

在马云看来，企业社会责任不仅是要为社会提供就业机会，而且还必须交税，否则就是不道德的。

■ 创造就业机会重于做慈善

> 慈善不等于捐款，而是要更加关注困难群体，真正关心他们的需求。
>
> ——阿里巴巴创始人 马云

事实证明，马云从老师到创业者的转变，源于其社会责任。马云认为，"左眼美金，右眼日元"是赚不到钱的。不仅如此，马云还认为，社会责任一定要融入企业的核心价值体系和商业模式中，才能行之久远。换言之，一个企业的产品和服务必须对社会负责。如果卖的产品和提供的服务对社会有

---

① 佚名.马云：企业不交税是不道德的 我支持对电商收税[EB/OL].2013.http://finance.ifeng.com/a/20131112/11057335_0.shtml.

害，不管做得再成功也不行。①

实践证明，对于任何一个创业者而言，发展和壮大初创企业是一个重要的战略部分，当然在做强做大初创企业的同时也必须具备较强的社会责任感。

反观马云，作为一名企业家，不把赢利放在首要位置，而是时刻想着要尽到社会责任，要为社会作贡献。他不是口头上的敷衍，而是实实在在地付出了行动。这也是阿里巴巴深受好评的原因之一。当一家企业具有强烈的社会责任感，并真正做出有利于社会的事情时，这家企业就能更好地在社会上立足。②

对于社会责任，马云在接受查理·罗斯的采访时坦言创造就业机会重于做慈善。马云坚信，电子商务一定会改变社会，赚钱的游戏是任何社会玩不腻的健康游戏，阿里巴巴的产品和服务必须被中小型企业喜欢。也正因此，马云就公开表态说，阿里巴巴有再多的钱也不会投资网络游戏，而在收购雅虎中国后，他更直接砍掉了虽然很赚钱但鱼龙混杂、泥沙俱下的短信业务。③

不可否认的是，马云的忠告对于创业者而言，非常有借鉴意义。以下是马云接受查理·罗斯的采访实录：

罗斯：你对近期巴菲特和比尔·盖茨的慈善中国行有何想法？你自己也很富有，有没有想过把自己一半的财富捐出去。

马云：这是目前中国很热的一个话题。我从来没有想过现在的钱属于我自己，这是属于社会的。有几百万元算是富人，有几千万元是资本家，你有几亿元的话，那就是社会财富。这不是我的钱，一张床，三顿餐，我有的仅此而已。

中国目前需要2亿的就业机会。我们有13亿人，城市化扩张，我们急需工作岗位。我尊重慈善事业，但是我觉得我们应该更好地利用这笔钱。如果我现在把钱捐出去了，等我老了时，我会后悔的，我要现在把钱花出去，创

---

① 流水.马云：企业家要将社会责任植入商业模式[EB/OL].2014.http://news.ccw.com.cn/people/htm2007/20070104_233722.shtml.

② 周星潼.芝麻开门：成就阿里巴巴网络帝国的13个管理法则[M].武汉：华中师范大学出版社，2012.

③ 流水.马云：企业家要将社会责任植入商业模式[EB/OL].2014.http://news.ccw.com.cn/people/htm2007/20070104_233722.shtml.

造就业机会，而不是捐出去做慈善。

在马云的创业布道中，马云希望将自己的创业经验与创业者们分享。为此，马云在公开场合说过，希望以后可以出一本记录阿里巴巴失败经历的书，好帮助将来的创业者们看清方向，不再走更多弯路。

研究发现，或许由于马云有过教师的经历，马云对企业社会责任非常重视。尽管马云没有把企业社会责任这一点写进他的"六脉神剑"中，但马云却时刻把社会责任植入商业模式中。

马云多次呼吁，作为一名合格的企业家，必须摒弃满脑子的名利意识，尽可能地关心社会上的困难群体，积极做一些对社会有意义的公益事情。

比如：在西部的一些贫困山区，教育问题一直是困扰当地经济发展的大问题，不仅缺乏座椅等硬件，而且也缺乏优质的师资力量。一些西部地区的大学生宁愿漂在北上广，也不愿意回去传道解惑。像这样双重缺失就使得西部地区山区的孩子根本无法像城市孩子一样受到应有的良好教育。

针对此问题，马云多次呼吁，企业家要关注贫困地区的教育问题，帮助那些渴望上学的西部地区的孩子。

马云在公开场合演讲说："有一篇文章让我特别感动。有一个陕西的年轻人，18年以前他高中毕业，高中毕业以后他说要到广东去打工，广东给他的工资是600元。这时，他们村长说，'我们村里有三十几个孩子，每天走几十公里念书，这里缺少一个老师，你已经高中毕业了，你能不能去教书，但我们只能付几十元工资。'年轻人二话不说就留下了，最后他还说服他的女朋友留下来……他们每天放了学以后还要做各种各样的农活，因为他必须种田种地才能活下来。所以，希望在场的各位企业家能够关注到希望小学的硬件设备、学生的情况、老师的情况。如果老师不好，那贫困地区的教育还是存在很大问题的。"

在承担社会责任方面，马云不仅自己这样做，还号召更多的企业家用自己力所能及的方式帮助、关爱残疾人和弱势群体。马云说："慈善不等于捐款，而是要更加关注困难群体，真正关心他们的需求。"

在马云看来，践行社会责任，不仅是捐款就完事的，而是必须更加关注困难群体，真正关心他们的需求。为此，马云经常在阿里巴巴会议上倡导集团公司致力于帮助残疾人和困难群体。比如：当汶川"5·12"特大地震发生之后，阿里巴巴就全力帮助因灾致残的人接受教育和康复培训，并帮助他们解决就业问题。

据《江南时报》报道，为了帮助在地震中留下残疾的人接受教育，进行康复培训，使这些残疾人自立于社会、重新就业、实现人生价值、获得发展的基础，阿里巴巴集团日前向中国残疾人福利基金会捐款500万元人民币，用于"5·12"汶川地震因灾致残的残疾人的康复培训。[①]

为此，马云坦言："关于外界的评论，我不想过多解释，清者自清，时间能检验一切真相。我仍然认为，与如何能更理性地帮助灾区从巨大的灾难中恢复相比，捐款的数目并不是最重要的。对灾难的关注，我深信贵在行动。灾后重建，不亚于抢救生命。我们接下来更要关爱活着的人，帮助他们恢复生活的勇气，重建对生活的信心。"

事实上，很多困难群体往往由于自身身体、心理等方面的障碍，在实际中很难找到理想的工作，更别谈投入到一般模式的生产、商务活动中，而电子商务打破了这层壁垒。而淘宝向所有人开放的C2C平台，使最平凡的人通过自己的努力做自己的小生意，也或直接或间接地创造了不可胜举的就业机会。[②]

据资料显示，阿里巴巴集团旗下淘宝网直接创造的57万就业机会中的四分之一是残疾人、下岗职工等社会困难群体。阿里巴巴集团希望通过自己的力量，为中国的残疾人康复事业贡献自己的绵薄之力，让更多的残疾人得到实实在在的帮助，平等参与和全面融入社会生活。[③]

[①] 王建红.阿里巴巴捐500万资助地震残疾人康复培训[N].江南时报，2008-11-06.

[②] 流水.马云：企业家要将社会责任植入商业模式[EB/OL].2014.http://news.ccw.com.cn/people/htm2007/20070104_233722.shtml.

[③] 周星潼.芝麻开门:成就阿里巴巴网络帝国的13个管理法则[M].武汉：华中师范大学出版社，2012.

第三章 THREE

做战略最忌讳的是面面俱到

> 战略主要有三点：第一，要明白谁是你的客户；第二，你为他们创造什么样的价值；第三，你怎么传递这些价值到你的客户手上。
>
> ——阿里巴巴创始人　马云

■ 战略就是对开展竞争的问题作出的清晰选择

> 现在还是少变化为好，有时候需要变化，有时候不需要变化，前几年是必须要变化，这两年应该是以守为好，守是练内功，可能是最好的选择。
>
> ——阿里巴巴创始人　马云

在很多创业者意识中，战略上关乎初创企业生存和发展的重要因素，因此，在制定战略时，总是面面俱到。

而马云却不认同这样的做法，马云告诫创业者说："战略其实就是对开展竞争的问题作出的清晰选择。战略主要有三点：第一，要明白谁是你的客户；第二，你为他们创造什么样的价值；第三，你怎么传递这些价值到你的客户手上。"

反观阿里巴巴的战略，专注就是阿里巴巴的企业战略之一。马云说："做企业一定要专注，要坚持，要有激情，要相信自己可以为客户创造独特的价值，相信自己可以做不一样的事情。不要怪某个行业不好，天下没有不好的行业，再不好的时代再不好的行业也有好企业，再好的时代再好的行业也有烂企业。所以别怪行业，怪自己，要做正确的事情，正确地做事。"

资料显示，马云让18名员工变成今天的8000名员工，让50万人民币变成今天的200亿美元，从创业至今，马云的经历可谓商界的一个传奇。①

在这个传奇的背后，就是懂得舍弃。纵观阿里巴巴的发展，马云告诫创业者说，对于任何一个创业者来说，有三个问题至关重要，见表6：

表6 创业者三个至关重要的问题

序号	内容
(1)做什么	在马云看来，第一个问题是做什么。作为一名创业者，必须有梦想，然后是确定该干什么，而不是能做什么。
(2)怎么做	马云告诫创业者，当创业者确定了梦想，就必须去践行自己的梦想，同时还必须懂得舍弃。马云举例说："阿里巴巴有今天，很重要的一点是9年以来，我们只做电子商务，没有进入其他领域。"
(3)做多久	马云告诫创业者，作为创业者在践行自己的梦想过程中，"必须要有明确目标，明白自己最终要做多久。一个企业的领导者必须有眼光、有包容的胸怀。"马云举例说："有了清晰的目标之后，要坚持信念，阿里巴巴之所以挺到今天，坚持做自己的事非常重要。"

在最近几年，房地产较为火爆。很多企业，特别是中小企业都染指房地产，急切地在房地产市场上分一杯羹。尽管房地产非常火爆，然而，马云却无动于衷。在一些场合下，有些创业者非常好奇地问马云为什么不做房地产，做房地产既能扩大经营范围，又能增加赢利，面对这样的问题，马云回答说："阿里巴巴的资金储备可能在中国网站中是最多的，我们还有十亿元以上的现金储备。很多人问，阿里巴巴现在有那么多钱，为什么不做房地产？

---

①南方都市报.马云授创业经：如何让50万人民币变成200亿美元[N].南方都市报，2008-03-07.

绝对不能这么想。在座的每一个人都要问自己一个问题，一个企业创办的时候，它的出发点是什么。第一天阿里巴巴说，我们专注做中国的电子商务，我们要把中国的电子商务做成全世界一流的，那么我们的钱就是为电子商务服务的。"

在阿里巴巴的发展历程中，尽管有很多较好的商业机会，而阿里巴巴都没有强势出击，只是踏踏实实地发展自己的产业，坚持把阿里巴巴做成最伟大的公司之一。

为此，马云说："现在还是少变化为好，有时候需要变化，有时候不需要变化，前几年是必须要变化，这两年应该是以守为好，守是练内功，可能是最好的选择。"

在很多场合下，马云告诫创业者，要坚持地活下去，而活下去最根本的一个法则就是专注。马云说："天下没有不好的行业，再不好的时代再不好的行业也有好企业，再好的时代再好的行业也有烂企业。所以别怪行业，怪自己，要做正确的事情，正确地做事。心太花，不知道自己要什么，永远追在市场之后，追在今天最赚钱的行业之后，看到这个行业有钱赚，跳进去了，而不是说看到这个行业，你觉得我可以做得更好，你有独特的方法，相信我能为这个行业做出独特的价值，为这个行业的客户做出独特的价值，如果这样想，就可以坚持走下去。你这样做就像猴子掰玉米。先跟你说一个坏消息：你这样的做法肯定要失败；再说一个好消息：绝大部分的失败企业都是因为不够专注。没有信仰，没有坚信市场，看到别人赚钱就进去，很多人也都看到也都跳进去了，这个市场就变小了。如果你没有想清楚为客户做什么独特价值，为了什么而坚信，可以坚持多久，没有找到自己真正爱的事业，还是会失败的。"

当然，要想打造成一个百年老店就必须坚持自己的创业梦想，而阿里巴巴的理念是为中小企业服务，这一点永远不会改变。

正如马云所言："我将阿里巴巴定位为102年的企业，就是持续成长发展102年。为什么是102年？我们是1999年诞生的，102年是横跨三个世纪，目标明确。102年的企业肯定有闪失的，我认为有三点：大学是可以走100多年的，我们一定要办培养企业的大学；企业的文化可以走102年，企业的文化是企业发展的DNA；投资可以做102年，洛克菲勒集团大家都知道，今天虽然已经没有了,但是钱和理念一直延续着。所以公司要确定102年的思考和建设,这是我未来的希望和信心。"

■ 制定战略目标永远不能超过3个

> 制定战略目标永远不能超过3个,超过了3个就记不住了,员工也记不住了,每年定目标,将重要的一、二、三确定下来,第四个就要关闭掉。
> ——阿里巴巴创始人 马云

在很多企业家论坛上,一些企业家都在谈论如何学习通用电气的多元化。甚至在很多企业创始人的办公室都有一本关于通用电气前CEO杰克·韦尔奇的自传。从这些企业家借鉴通用电气的多元化来看,足以证明中国企业创始人对多元化的迷恋。

然而,遗憾的是,在很多中国企业多元化经营中,却面临一个非常棘手的问题——当企业达到一定规模后,创始人就会迫不及待、信心十足地进入一个全新行业中,最后往往不仅新的行业没有达到预期的经济效益,而且原来的主业也因不停被"抽血"而奄奄一息,甚至因此破产倒闭。可以说,半数以上的中国企业死亡与创始人盲目多元化有关。

就像俗语"贪多嚼不烂"说的那样,初创企业刚刚做到一定规模就进行跨行业多元化经营肯定是行不通的。

这就是说,作为初创企业创业者,必须将初创企业做强,然后才能做大,而不可以见到赢利报表就急着向其他行业扩张。眼见房地产赚钱,就去染指房地产;眼见餐饮业前景可观,就去建立餐饮中心;眼见苹果手机供不应求,就去办厂生产手机……

殊不知,贪多是创业者的大忌,不仅会导致一个初创企业涉足每个领域，然而却又没有一个领域做成行业第一，往往是战线过长，导致经营不善，最终不得不退回原地。

反观阿里巴巴，马云却没有涉足更多的领域，始终围绕着最原始的那个出发点——为中小企业服务，只是专注地做好一件事。

即使阿里巴巴成为众多公司参考和范本而受到万众瞩目，此刻的马云，仍然坚持"为中小企业服务"这个战略，把阿里巴巴定位为"具有很强的社会影响力的一家高速发展的小公司"。

在马云看来，制定战略目标永远不能超过3个，超过了3个就记不住了，员工也记不住了，每年定目标，将重要的一、二、三确定下来，第四个就要关闭掉。而对团队来说很重要的就是7，一个人最多只能管七个，超过七一定产生问题。①

马云还告诫创业者说："资金就像一个国家的军队，军队做什么？就是为了定国安邦。只要你有足够的资金，市场会稳定，客户会稳定。你不能有军队空着，你就这里骚扰骚扰，那里骚扰骚扰。所以善用好你的资金，什么资本的运作，所有人都跑到你家门口叫你做这个做那个，那永远不是机会。我永远不相信别人对你说这是好机会，如果他对你说这是个好机会，那你就让他做。人上当就是因为贪婪，永远要知道什么是你做的，什么不是你做的。企业最重要的不是你能做什么，而是要想你应该做什么。要知道，比你能做的人太多了，所以不要问你能不能做，而是问你该不该做，想不想去做。想不想做是一个企业创办的最初的出发点。"

的确，在制定战略目标时，马云始终坚持"制定战略目标永远不能超过3个"的原则。阿里巴巴在战略上遵循"制定战略目标永远不能超过3个"的原则，在这一原则背后，是马云颇为强调的务实精神。

在坚持"制定战略目标永远不能超过3个"原则上，马云曾拒绝过很多诱惑，如短信、游戏、房地产行业，等等。当阿里巴巴收购雅虎中国之后，马云先暂停了一个月两三百万元的小广告，后暂停了每月大概八百万元的无线业务。本打算把网络实名这一项业务也停掉，但是由于客户已缴纳费用，同时也为了兑现承诺，不得不保留下来，但是，前提是清除网络实名中各种

---

① 佚名.马云：一人管员工最多7个[EB/OL].2014.http://www.epjob88.com/ViewArticle.php?id=13684.

恶意功能，并不再主动推广①该业务。

在马云眼中，坚持"制定战略目标永远不能超过3个"的原则是不可以改变的。马云回忆说："2002年，做短信很赚钱，2005年网络游戏也起来了，可是我们一直坚持自己的原则，后来当时那些靠做短信、网络游戏的公司倒下了，我们依然还在。当别人都死了，你还活着，这时你就是品牌。"

正是马云坚持"制定战略目标永远不能超过3个"的原则，阿里巴巴上市后一路直升，好评如潮，很多人开始关心其他子公司会不会上市。

针对如此的好业绩，马云在接受媒体采访时坦言："我倒没有仔细想过，因为刚刚有子公司上市就开始考虑下一个，我们毕竟不是卖公司。我们要做的事情还很多。不论是淘宝、'支付宝'、雅虎中国还是阿里软件，要走的路还很长很长。通过这次融资，我们的现金储备超过20亿美元，人才储备达到8000人，战略布局也刚刚完成。未来几年，我们的目标还是进行中国电子商务的基础建设，形成一个生态链，让更多企业从事电子商务。只有更多的人使用电子商务，我们才有可能成功。因此，我不太想去考虑下一个子公司的上市。"

研究发现，在一些企业取得阶段性成功之后，往往会大刀阔斧地扩张，因为内心的浮躁和越来越多的机会诱惑着创业者。

此刻，不少创业者往往难以抵挡眼前数不清机会的诱惑，于是就会开始酝酿着涉足其他关联、甚至非关联产业，从而高歌猛进地实施企业多元化战略。

殊不知，这样的多元化只不过就像流星一样，尽管非常绚丽，但是只不过是短暂的瞬间。主要是因为创业者本不具备涉足其他关联、甚至非关联产业的条件，不仅由于初创企业本身的条件所限制，而且缺乏雄厚的资金、人才等诸多资源。

在这样的条件下，涉足其他关联、甚至非关联产业，从而进行多元化发展，由于初创企业的战线过于冗长，再加上资源又分散投入，而初创企业的诸多弊端就开始显现出来。

事实证明，有些初创企业由于过早地涉足其他关联、甚至非关联产业而

---

① 周星潼.芝麻开门:成就阿里巴巴网络帝国的13个管理法则[M].武汉：华中师范大学出版社，2012.

进行多元化扩张，势必就会分散企业对主打领域产品的投入，不仅减弱其研发和推广的力度，使主要业务或者利润竞争力下滑，影响企业整体的竞争力。

反观阿里巴巴，始终坚持专注战略，仅仅在电子商务领域开展相关业务，无论其他机会多少，均能抵制其诱惑，这是阿里巴巴成为行业领袖的一个重要因素。为此，马云告诫创业者，制定企业战略时，最忌讳的就是面面俱到，作为创业者，一定要记住重点突破，所有的资源必须集中在一点，这样才有可能战胜竞争对手，赢得最后的胜利。

马云说："阿里巴巴未来仍然会把主要精力放在电子商务上。这四五年来几乎在所有的论坛上，我都坚决反对多元化经营，我不相信中国哪一家企业可以把多元化经营做得好。99.9%的企业做不了多元化经营，多元化投资可能会好一点。"

事实证明，当创业企业取得一点业绩就开始涉足其他关联、甚至非关联产业，这其实是不切合实际的。

作为创业者不能因为创业企业发展迅猛，甚至还没站稳脚跟就开始涉足其他关联、甚至非关联产业。

对于这个问题，马云是这样告诫创业者的："让每一个人都来用我的产品和服务，那是不可能的。定位一定要准确，你才能做好。所以，我给所有的创业者的一个建议，少做就是多做，不要贪多，把它做精、做透很重要。"

不可否认的是，阿里巴巴能取得如此成就，主要还是马云坚持"制定战略目标永远不能超过3个"的原则。

为此，马云将阿里巴巴作为一个成功案例，其目的是告诫创业者这样一个道理：对于一家企业而言，无论是在初创时期，还是在小有成就之后，面对诱惑，不能贪心，要静心做事，坚持某一领域的深度发展，避免盲目扩张。[1]

---

[1] 周星潼.芝麻开门:成就阿里巴巴网络帝国的13个管理法则[M].武汉：华中师范大学出版社，2012.

FOUR 第四章

点滴的完善就是
为了管理更加规范

细细体味，慢慢观察，找到适合老乡们的办法，然后，去完善而不是改变。逐渐地完善来改变，点滴地完善就是最好的管理，这也是柳传志讲的，叫绕大弯。

——阿里巴巴创始人 马云

■ 完善管理势在必行

"都是老乡太熟，不方便直接批评"，不仅耽误工厂的运作效率，还使老板和员工的感情更加隔阂，甚至会出现"越亲密的人，越难以开展工作"的尴尬局面，产生"亲兄弟创业之初即分道扬镳"的后果。

——阿里巴巴创始人 马云

事实证明，任何一个企业的管理都是慢慢完善的，而不是一蹴而就的事情。尽管管理这个极为复杂而系统的工具，要发挥其应有的作用，就必须进行完善。

在一次创业家论坛上，网名为"若瑾玉"的创业者问马云这样一个问题："我是深圳一家做日用香皂和透明皂的工厂，工厂有20多个员工，大部分都是老乡。工厂没有一套完整的人事管理制度，但随着业务的发展和企业的成长，一些老员工慢慢地就出现了'老油条'的现象，完全没把我这个管理者'放在眼里'。但因为是老乡，一些话我又不知如何去说。我想过把一些老员工辞退，但有些岗位没了熟练的员工又不行，新员工跟不上。请问我该怎么办？[1]"

针对创业者提出的"怎样管理好有20多个员工且大部分都是老乡的工厂？"的问题，马云这样回答：

不少网友关心企业管理方面的问题，其中一个核心困惑就是如何管理好同自己有亲友关系的下属和员工。如同网友"若瑾玉"的苦恼，这些刚刚创业的"小老板"通常都带领老乡、朋友、家人、亲属一起奋斗。但厂子一旦正规运营和扩大规模后，就不得不正视彼此"老板"和"员工"的企业位置。但因为"都是老乡太熟，不方便直接批评"，不仅耽误工厂的运作效率，还使老板和员工的感情更加隔阂，甚至会出现"越亲密的人，越难以开展工作"的尴尬局面，产生"亲兄弟创业之初即分道扬镳"的后果。

马云告诫这个创业者说：我觉得你的方法有问题。作为老板，不应该只看到"老乡"员工给企业带来的不好影响，找到他们为公司带来的积极意义没有？发扬长处，避开短处，是老板管理一家公司要做的事。管理下属，不要一进去就说别人的不是，容易得罪所有的人。要先想一想，造成这种不好是有原因的。让员工心服口服，你应该先学会说，"某某，你这个方面表现很好，我们可以继续发扬光大"，褒奖之下员工自然会听老板的。先肯定好的，求大同，存小异，老乡也是一种文化，经营者要问自己能不能适应这种文化。不是去改变这个文化，而是去完善这个文化。

马云建议"若瑾玉"创业者说："我个人认为，老乡们做企业没什么不好，而我们要去找到老乡们做企业优秀的地方并且去发扬光大。细细体味，慢慢观察，找到适合老乡们的办法，然后，去完善而不是改变。逐渐地完善来改变，点滴地完善就是最好的管理，这也是柳传志讲的，叫绕大弯。"

---

[1]张绪旺.马云：点滴的完善就是最好的管理[N].北京商报，2010-08-25.

■ 三流点子一流执行力比一流点子三流执行力更有竞争力

> 阿里巴巴不是计划出来的，而是"现在、立刻、马上"干出来的。
>
> ——阿里巴巴创始人　马云

如果有一天，作为创业者的你问马云一个问题："一流的点子加上三流的执行力，与三流的点子加上一流的执行力，哪一个更重要？"

我想这个问题的答案非常简单，那就是三流点子一流执行力比一流点子三流执行力更有竞争力。

可能读者会疑惑地问，你又不是马云，为什么能够做出这种回答呢？其实，读者的疑惑是有道理的。不过，这个问题马云已经探讨过了。

当初马云见到软件银行集团董事长兼总裁孙正义，而孙正义为了更好地了解马云，就问马云这样一个问题："一流的点子加上三流的执行力，与三流的点子加上一流的执行力，哪一个更重要？"

结果马云和孙正义两个人都选择了同一个答案——后者远比前者重要。在不到5分钟的见面，马云就从孙正义那里拿到了2000万美元的风险投资。

事实证明，在激烈的市场竞争中，一个企业的执行力如何，将决定企业的兴衰，是企业达成计划和目标的必然途径。企业强大的执行力，本身就是企业的一种核心竞争力。

不可否认的是，执行力到位是公司基业常青的前提条件，作用非常重大，但是，在竞争日益激烈的商业社会中，每一个公司都会被种种导致执行不到位的问题所困扰，从而使得执行不到位成为中国企业的一个"病根子"。

事实上，把企业高层决策者的战略执行到位对于当前的任何一家企业来说，都是尤为重要的。为什么说执行到位呢？因为每一个企业员工只有把高层决策者的战略执行到位了，企业的竞争优势才能发挥其作用。

当然，对于企业来说，执行的关键就在于到位，因为执行不到位不仅连没执行都不如，而且还会造成极大的损失。在很多场合下，由于员工没有执行不到位，往往就会造成成本的增加，导致极大的浪费，甚至带来加倍的损失。不信，我们从一个真实的案例谈起。

深圳西克公司老板林伟格要赴德国考察，且要在一个国际性的商务会议上发表演说。林伟格身边的几名要员于是忙得头昏眼花，要把林伟格赴海外考察所需的各种物件都准备妥当，包括演讲稿在内。

在林伟格去德国考察的那天早晨，各部门主管也来送机。有人问其中一个部门主管："你负责的文件打好了没有？"

主管睁着那惺忪睡眼，道："今早只得4小时睡眠，我熬不住睡去了，在飞机上不可能复读一遍。待他上飞机后，我回公司去把文件打好，再以电讯传去就可以了。"

谁知转眼之间，林伟格就驾到了，第一件事就问这位主管："你负责预备的那份文件和数据呢？"

这位主管按他的想法回答了老板。林伟格闻言，脸色大变："怎么会这样。我已计划好利用在飞机上的时间，与同行的外籍顾问研究一下自己的报告和数据，别白白浪费坐飞机的时间呢！"

听到老板的行程安排！这位主管的脸色一片惨白。

正因为那位主管的拖延，林伟格在德国的考察没有达到自己的目的。

当林伟格从德国考察回来后，辞退了那名主管。

在本案例中，这位主管就犯了拖延的错误，当林伟格把这个事情讲给我听时，我甚至不相信这是真的，因为在我出差前，我经常会把出差前的一切资料都准备好，不可能连基本的资料都没有准备好就出差。

上述案例警示每一个创业者，执行不到位绝不是一种无所谓的耽搁。在上述案例中，林伟格去德国考察就因为主管没有将老板的任务执行到位，而没有达到自己去德国考察的目的，林伟格坦言，他的损失还算小的，他见过深圳的一家企业因为部门经理没有将老板安排的任务执行到位，而在谈判中损失惨重，这并非危言耸听。

当然，这样执行不到位的事情在阿里巴巴是不会发生的。在阿里巴巴，马云就多次强调，阿里巴巴的员工是一支执行队伍，如果是一支想法队伍，那就不符合阿里巴巴的战略思路。

在很多场合下，马云毫不忌讳地说，阿里巴巴的成功，依赖的就是阿里巴巴全体员工高效率的执行力。对此，马云在接受媒体采访时坦言："阿里巴巴不是计划出来的，而是'现在、立刻、马上'干出来的。"

马云就曾举例说，在互联网黄页——阿里巴巴成立之前，在中国大陆地区，对外贸易通道主要靠"广交会"、国外展会或依托既有的外贸关系，这样单一的对外贸易渠道无疑影响了中国大陆地区商品的对外销售，而且还在很大程度上受控于中国香港特别行政区的贸易中转。

在20世纪90年代，中国加入世界贸易组织的谈判仍在进行中，尽管中国加入世界贸易组织在即，但是随着中国改革开放的深入，成千上万的中国大陆地区的中小企业迫切需要有自主控制的外贸通道。

这就使得传统的对外贸易渠道已经不能适应新形势的需要，然而，商业意识较为浓厚的马云积极地向当时的外经贸部了解到这一情况后，主动地抓住这个巨大的商业机遇。

在1999年，马云果断地创立阿里巴巴公司。当然，阿里巴巴的商业模式也是建立在马云与外经贸部改革实践中探索出来的。

在当时，马云的意图很明显，就是将团队从外经贸部中国国际电子商务中心分离出来，将这个团队的精力和投入转向做外经贸部的另外一个项目——网上中国商品交易市场。

值得一提的是，马云的判断非常正确。马云很快就把"网上中国商品交易市场"这个项目的净利润做到了287万元。

在接受媒体的采访时，马云坦言，阿里巴巴之所以取得成功，是因为阿里巴巴借助互联网能够而且应该肩负起这个使命，将架起了成千上万的中国大陆地区的中小企业迫切需要有自主控制的外贸通道的桥梁。

当然，马云通过实践证明了这个市场的存在和阿里巴巴这个商业模式的坚固、健康。

当阿里巴巴的战略思想，即电子商务的大方向定下来了，但具体运作模式却需要仔细思量。

马云举例说，当阿里巴巴将BBS上的每一个帖子检测并分类的方案尘埃落定时，新的问题又开始了。

然而，时间转眼就到了1999年2月，亚洲电子商务大会在新加坡召开，而马云应邀参加。在大会上，马云发现虽然是亚洲电子商务大会，可90%的演讲者是美国的嘉宾，90%的听众是西方人，而所有的案子、例子用的全是"eBay"、"雅虎"这些东西。马云心想，以前的电子商务都是美国的，美国的模式、美国的听众。亚洲是亚洲，中国是中国，美国是美国，美国打NBA打得很好，中国人就应该打乒乓球。中国的电子商务可能是个什么模式，马云心中有自己的想法。通过深思熟虑，马云认为，中国的电子商务应该围绕着中小型企业，帮助中小型企业成功。从新加坡回来后马云就决定，阿里巴巴要为中国80%的中小企业服务。①

其实，马云的理由很简单："中小企业好比沙滩上的一颗颗石子，通过互联网可以把这些石子全粘起来，用混凝土粘起来的石子们威力无穷，可以和大石头抗衡。而互联网经济的特色正是以小搏大、以快打慢。"

于是，马云认为，虽然国外的B2B都是以大企业为主，但阿里巴巴坚信自己的判断，以中小企业为主。正因为马云对中国企业的了解，所以马云说："让别人去跟着鲸鱼跑吧，我们只要抓些小虾米。我们很快就会聚拢50万个进出口商，我怎么可能从他们身上分文不得呢？"

另外，马云对中国经济的正确分析，也是他坚持从事为中小企业服务的电子商务的一个原因。当时，马云确信，中国加入WTO只是一个时间问题。正是基于中国必定会加入WTO，大批外商必然要到中国投资，中国企业也要到外国做生意。坚定了他通过互联网帮助中国企业出口，帮助国外企业进入中国的策略。②

在亚洲电子商务大会上，马云意外发现机会来了，马云决定要动手做自己的网站。于是，马云给杭州的伙伴发电子邮件，要求技术人员立即完成

---

① 佚名.马云：探索属于自己的创业模式[EB/OL].2014.http://chuangye.umiwi.com/2011/1115/48391.shtml.

② 佚名.马云：探索属于自己的创业模式[EB/OL].2014.http://chuangye.umiwi.com/2011/1115/48391.shtml.

BBS的设计。没想到他的伙伴们这次还是不同意。马云发怒了,他大声命令他们:"你们立刻、现在、马上去做!立刻!现在!马上!"

反观阿里巴巴的发展历程,正是因为马云的坚持,其创业团队最后还是接受并执行了马云的整体方案。

当然,也正是因为阿里巴巴的高效执行力,才使得阿里巴巴高速地发展,最终成为IT业界的霸主。

正是阿里巴巴坚持"三流点子一流执行力比一流点子三流执行力更有竞争力",才使得阿里巴巴取得如此巨大的成就。

为此,马云不止一次地告诫创业者说:"有时去执行一个错误的决定总比优柔寡断或者没有决定要好得多。因为在执行过程中你可以有更多的时间和机会去发现并改正错误。"由此可见,一个好的执行力能够弥补决策方案的不足,而一个再完美的决策方案,如果不能及时执行将毫无意义。

MA YUN
BUSHI TELI

第六部分
做生意眼睛要盯着客户

做生意不能凭关系，做生意不能凭小聪明。做生意最重要的是你明白客户需要什么，实实在在创造价值，并且坚持下去。

——阿里巴巴创始人　马云

第一章 ONE

创业最重要的是明白客户的需要

眼睛看着你的是客户，最大支持你的是客户，把眼睛放在客户身上的时候你一定会赢。

——阿里巴巴创始人 马云

■ 满足客户的需求

> 你必须依赖客户，因为客户才是和你站在一起的。客户会和你一同成长。客户给你资本，给你希望，并给你支持。
>
> ——阿里巴巴创始人 马云

在创业的路途中，很多创业者总是潜意识地把重点放在"竞争者"上。殊不知，这样做就是本末倒置。

正如一条新浪微博所言："第一层级可口可乐、耐克心灵营销，第二层级海尔顾客营销，第三层级TCL产品营销。中国企业要走的路还很长。会讲故事，会做人，会慈善，是中国企业要持久改进的，中国现在仅为三进二，有些企业三层还没做好。"

反观阿里巴巴，让创业者意外的是，阿里巴巴几乎不关注竞争者，而是重点把精力放在关注客户需求上。正是这样的战略，阿里巴巴得到了高速的发展。

马云在很多公开场合谈到这个问题，马云告诫创业者说："我认为，永远不要把眼睛放在竞争者身上，要放在你的客户身上。商场如战场，但是商场不是战场上只有你死我活，而商场上不一定你死了，我就活了。眼睛看着你的是客户，最大支持你的是客户，把眼睛放在客户身上的时候你一定会赢。"

马云直言不讳地说："中国企业最忌讳谈竞争，而我的竞争原则是不要把时间花在竞争对手身上，而是要花在客户身上。最后，你的客户越多，更多客户支持你的时候，你就胜利了。"

事实证明，要想成功创业，创业者就必须把重点放在客户身上，而且还要尽可能地把眼睛盯在客户身上，这对满足客户需求尤为重要。

美国著名营销专家乔·杰拉德（Joe Gerrard）研究发现，作为创业者，你所遇到的每一个人都有可能为你带来至少200个以上的潜在顾客。

乔·杰拉德认为，在每一个客户背后大约有250个客户。这主要是与每一个客户关系比较亲近的人：其中包括同事、邻居、亲戚、朋友。

作为创业者，如果在某个时间的一周内与50个合作者谈判，其中只要有两个合作者对该创业者的提供产品或者服务不满意，过不了多久，由于连锁影响就可能有500个合作者不愿意和该创业者合作，因为他们就知道一件事情：不要跟该创业者做生意。

由此，乔·杰拉德得出结论：在任何情况下，都不要得罪哪怕是一个合作者。据国外服务营销研究结果显示：合作者一旦对创业者提供的服务或者产品不满意，只有4%的合作者会对初创企业抱怨，而另外96%的合作者都会保持沉默，并且有91%的合作者今后将不再购买创业企业的服务或者产品。

当然，创业者要想满足客户的需求，创业者就应该具备敏锐的观察能力，在询问客户的需求时，除了尽量满足外，还要关注他们体现出的一些细节。尽可能地站在客户需求的角度去考虑，而有些合作者转身离开，创业者就必须留意合作者是否不满。一旦发现合作者有不满情绪，作为创业而言，积极了解合作者对服务和产品不满的原因，请合作者回答一些调查问卷，以便改进产品或者服务，或用些额外的时间来争取合作者的注意力。这样才能真正地，满足客户的个性化需求，从而有效地为客户提供适合他们的解决方案。

事实证明，在创业过程中，要想让初创企业赢得并拥有自己细分目标客户群，创业者就必须关注初创企业目标客户群，通过产品体验、市场调研等诸多手段了解目标客户群的消费特征和个性化需求。如果创业者不关注客户的需求与具体环境，不站在客户的立场上提供相应服务和产品而进行强卖强买，那么初创企业就一定会遭遇失败。

然而，阿里巴巴为了满足客户的需求，马云及其团队定位的目标客户群就是中小企业，针对这个目标客户群，有效地为中小企业提供各种服务。

马云深知，阿里巴巴给中小企业提供各种服务还永远不够，而且时刻提醒创业团队及时地了解中小企业这个客户的个性化需求，及时地按照中小企业这个客户的建议改善产品质量及功能，使产品能够真正体现中小企业这个客户的个性化需求。

在这个过程中，为了确保"支付宝"能够成为完全为中小企业这个客户服务的工具，马云聘请了原来负责销售和服务的人担任"支付宝"的总裁，理由是，这个人虽然一点也不懂银行体系，但是他能够明白客户的需求。

■ 明白客户需要什么，实实在在创造价值

> 在客户与股东的价值观取舍上，必须坚持客户利益高于股东的价值观。股东究竟是谁？他们大部分都是股票交易者，随时会轻易地抛出你的企业股票，离你而去。你如何能信任他们？
>
> ——阿里巴巴创始人 马云

不可否认，要想赢得合作者的认可，就必须明白客户的需要。然而，随着互联网的发展，客户了解的产品和服务信息越来越多。这就使得如今的客

户变得更加挑剔。

然而，马云却把这样的挑剔变成商业机会。在很多公开场合谈到这个问题，马云告诫创业者说："做生意最重要的是你明白客户需要什么，实实在在创造价值，并且坚持下去。"

马云的话给诸多创业者指明了一条路。面对客户的不满，作为创业者必须倾听来自客户的意见，从而让客户觉得自己的建议得到了创业企业的重视。而马云强调，阿里巴巴致力于为客户提供最优秀的服务，与客户建立情感上的联系，使客户爱上阿里巴巴，信赖阿里巴巴。

如果当创业企业销售额下降时，作为创业者在此刻不能怨天尤人，必须问自己"是否已经做得够好"。有时客户会拒绝承认自身需求，创业者需要做的则是打消客户背后隐藏的重重顾虑。客户是创业企业最大的支持者，当创业企业真心关注客户的需求，让客户感到舒心时，客源自然不成问题。

在一个创业论坛上，一个网名叫"jacky518518"的创业者问马云："中国的茶饮料连锁店可以做到比星巴克强大么？您觉得做饮料连锁店，管理、运作模式重要，还是产品质量重要？我们如果要和星巴克抗衡，做一家像它这样强大的巨人，我们需要做什么？中国的茶文化源远流长，茶饮料千变万化，为什么目前没有谁可以和星巴克一决高下呢？[①]"

马云对此的回答是，"首先，中国的茶饮料连锁店肯定可以做到星巴克那么好。但怎么做到呢？正如你的疑问，管理模式、产品和运营模式，我觉得都重要。产品质量不好，其他东西都不存在了。产品很好，管理很烂，同样不可能起来。一家公司厉害，决不可能靠一样东西好，尤其要做到一家强大的公司，那毫无疑问必须是每一样都非常好。有些地方你可以更有特色一点，但必需的要素缺一不可。"

马云强调，星巴克卖的不是咖啡，我们感觉最深的是他们认认真真地希望能通过他们的咖啡传递他们的思想，传递他们的文化，传递他们为用户服务的一种精神，是这些东西让星巴克强大。

马云说："重点要说的是，你首先不应该去想，怎么做星巴克那样强大的巨人，而是多去想想：我的茶如何能为客户带来独特的价值？眼睛不要盯着对手，要想到的是客户。脑子里想的不是榜样多么强大，而是榜样哪些方面

---

① 张绪旺.马云：做生意眼睛要盯着客户[N].北京商报，2010-09-29.

做得是多么细致。星巴克卖的不是咖啡，它卖的是文化，是团队精神。我们组织阿里巴巴高管去星巴克看过，我们感觉最深的是他们认认真真地希望能通过他们的咖啡传递他们的思想，传递他们的文化，传递他们为用户服务的一种精神，是这些东西让星巴克强大。管理、运营模式、商品这些东西固然都很重要，但更重要的是你没看见的东西。"

马云认为，做企业的目的，不是眼睛盯着对手如何强大，如何做生意，而是眼睛盯着客户。马云告诫创业说："星巴克在为用户服务，你也在为用户服务，决什么高低呢？你做得好了，自然而然会成为一流的企业，所以想跟谁一决高下的人，都不太容易成功。你要想到的是，我如何学习星巴克把客户排在第一的想法，如何让客户感到他被放到第一位。我觉得我们做任何事情，不要带着莫名其妙的跟谁比，超越谁的想法。而是说，我比昨天更懂得了客户，我比昨天更了解了用户的心理，我比昨天更懂得服务好客户。这些东西是做企业的关键，别动不动就超越谁，打败谁，和谁一决高下。你以为这是打仗和玩游戏吗？做企业的目的，不是眼睛盯着对手如何强大，如何做生意，而是眼睛盯着客户。每天要对客户多了解一点，每天要对客户服务得好一点，每天把自己放在客户的角度上面去做，这个才是最高的真谛。"

TWO 第二章

根据市场去制定你的产品

其实在公司里面，我觉得核心的问题是要根据市场去制定你的产品，关键是要倾听客户。有时候市场打出去了，到一定程度的时候必须倾听客户。

——阿里巴巴创始人 马云

■ 满足个性化需求，才能赢得客户

> 20年前，一个姑娘到临沂商场去买衣服，营业员说，我们这件衣服卖得特别好，昨天卖出500件了，那姑娘一定会买这件；如果现在的营业员再这样说，那么估计这姑娘就会说：谢谢，我希望临沂就这一件。
>
> ——阿里巴巴创始人 马云

随着客户越来越偏向个性化需求，那么作为创业者，只有满足客户的这些个性化需求，才能赢得客户。对此，在2010年9月16日第六届中国（临沂）商品市场峰会上，马云用一个生动的例子来形容21世纪的市场："20年前，一个姑娘到临沂商场去买衣服，营业员说，我们这件衣服卖得特别好，昨天卖出500件了，那姑娘一定会买这件；如果现在的营业员再这样说，那么估计这姑娘就会说：谢谢，我希望临沂就这一件。"

马云用这样的例子告诉台下的听众：21世纪，创业者要谈学会倾听客户的需求。马云说，虚拟市场的兴起带来的冲击是巨大的，一种新的经营与销售模式的诞生，迫使企业必须积极改变自己，趋和形势，互联网对信息、情报的敏感度远远超过过去任何一种渠道，因此临沂中小企业尤其是做批发生意的企业必须通过互联网迅速了解消费者，了解客户群体的消费需求。[①]

马云为此坦言："以前工厂生产东西寻找客户，而现在是客户需要什么东西，工厂按照需求生产。永远用自己独特的眼光去看市场。"

马云告诫创业者说："最核心的问题是根据市场去制定你的产品，关键是要倾听客户的声音。"

在《赢在中国》第一赛季晋级篇第五场上，还列举了一个案例，该案例如下：

佟先生，某洗衣机公司总经理，广东人，50岁，创业前，是一家机械厂的工程师。

1987年，佟先生和自己最好的朋友林先生，在广东佛山市创办了一家洗衣机公司。第二年，产品上市供不应求，来自全国各地的经销商在外排着长队等待下订单。到1989年末，第二年全年的预测产量都已被订购一空。佟先生领导他的生产团队夜以继日地扩大生产。1996年，公司股票在香港证券交易所挂牌。

但好景不长，竞争对手大量涌现。为此，1997年，公司成立研发部，以保持产品竞争力。

清华大学博士后刘女士领导一个团队研发一款超薄型洗衣机。2000年1月1日，新产品按计划推出，它更小、更轻、更省水，但由于附加了干衣功能，新产品比同类产品贵25%，经销商和零售商不愿意销售，与此同时，公司的一个竞争对手在2000年2月推出了类似的型号，声称有改进的干衣系统，而且更便宜。

新产品滞销，这使公司的市场份额急剧下降。

目前公司75%的产品都是由14家经销商完成的，如果有人转向竞争对手会非常危险。另一方面，和佟先生一起创业的林先生是销售部的负责人，他

[①] 邱小华.马云：创业者要学会倾听客户的需求[N].市场导报，2010-09-29.

担心公司销售队伍的稳定，因为销售受挫，工资大幅降低，有些省级销售经理考虑离开。销售部的人开始埋怨研发部门，觉得研发部从来不向他们征求意见，他们认为外壳过薄让顾客不相信这款洗衣机是高质量产品。

研发部的刘女士认为，向顾客解释"薄"的好处是销售经理的责任。"薄可以节约成本，使洗衣机更轻，还可以与厚外壳一样耐用。"但林先生不支持刘女士的说法，他强调，顾客就是上帝。他们要厚的外壳，那就必须按照他们的要求。

研发部和销售部的关系似乎已到了互不信任的地步。刘女士多次向林先生索要详尽的市场信息，然而林先生却很犹豫，因为他发现研发部的许多低层经理居然可以得到这样高度机密的文件。他甚至猜测公司新产品的某些设计已经被竞争对手偷去了。

生产与制造计划部的经理李先生则站在研发部一边，认为销售人员没有在刻苦工作。

看完了这个案例，《赢在中国》给创业大师的问题是："目前，销售部、研发部和生产部矛盾重重，如果你是佟先生，你怎样才能打破这种僵局呢？"

针对这个问题，马云点评说："我想谈一点看法，其实在公司里，最核心的问题是根据市场去制定你的产品，关键是要倾听客户的声音。市场打进去了，到一定程度的时候就必须倾听客户的意见。一切产品，都必须倾听客户的意见，必须搞清楚客户到底需要什么，这样我们才能确定怎么生产，确定如何满足客户的需求。很多企业前面的成功往往为后面埋下了更大的失败，因为他们不清楚自己为什么会成功，像赌博一样，一开始是赢了，第二次还是照原来的套路，但市场和周围的环境是变化的，而他们不了解客户和市场需求的变化。所以，成功了，要了解为什么会成功；失败了，更要搞清楚为什么会失败。"

■ 一切产品都必须倾听客户的意见

> 做企业没有捷径，企业最大的靠山是市场，是客户。所以，"眼睛盯住客户，脑子里想着市场的变动才是未来"。
>
> ——阿里巴巴创始人 马云

在如今客户主导产品的时候，作为创业者，就必须把一切产品都建立在客户的基础之上。要想使得产品更好地满足客户的需求，就必须倾听来自客户的真实意见。

正如中国古语"知己知彼，百战百胜"的道理一样，只有了解了客户的需求，那么创业者才能够达到预期的目标。

在很多论坛上，一些创业者不是抱怨金融危机，就是抱怨客户太挑剔，业务很难开展。甚至有些创业者坦言，不管是商品质量，还是商品外形设计都非常出色，就是单品销量平平。

殊不知，创业者自己却忽略了一件事情，就是与客户交流非常少，甚至都没有过交流。事实上，创业者在与客户交流和沟通过程中，询问和倾听是非常重要的，这对于日后订单的产生起到关键的作用。当一家创业企业比别人更了解自己的客户，就能使客户难以转向其竞争对手。

正如马云所言："必须搞清楚客户到底需要什么，这样我们才能确定怎么生产，确定如何满足客户的需求。"

马云告诫创业者说："很多企业前面的成功往往为后面埋下了更大的失败，因为他们不清楚自己为什么会成功。因为市场和周围的环境是变化的，而他们不了解客户和市场需求的变化。"

在了解客户的过程中，作为创业者，正确掌握客户个性化需求的重要途径之一就是倾听和询问客户。

事实上，列举一些问题询问某些特定的客户是了解客户一个较为重要的沟通手段。但是需要提醒创业者的是，询问客户必须建立在"真诚又巧妙"的基础上，这样的方式才是了解客户个性需要的一个较好的方式，而创业者可以利用询问客户的技巧来获取所需的信息并确认客户的某些需求。

当然，询问只是打开客户需求的一扇窗户，而倾听是打开顾客心扉的一把钥匙。只有搭配运用倾听技巧，才可能真正接近客户。倾听不仅要用耳朵，还要用心，走过尝看过了就忘了对企业不会有任何帮助，要真正在心里记下、消化、分析，才能得出最佳解决方案。①

而马云在公开场合强调，马云不会过多地关注媒体对阿里巴巴的褒贬评论，但是，马云却非常看重来自客户的评论，不管多忙，马云都会仔细翻阅。

马云说："阿里巴巴曾两次被哈佛选为全球的MBA教学案例。他们会派一个人到我们公司，至少待五天。这五天对我们所有的经理、部分员工、刚刚加入的新员工和客户都做仔细的调查，然后花两个月写这个案例。每次拿他们案例第一稿的时候，我都觉得这写的不是阿里巴巴。很多人对阿里巴巴的看法很怪，有各种各样媒体的评论，对于媒体的报道我不全看，但是很多会员对阿里巴巴的评论我一定看。"

马云坦言："有时候市场打出去了，到一定程度的时候必须倾听客户。现在研发生产部，所有的埋怨都是源于你不了解客户。他认为，你不了解客户，而一切产品都是必须倾听客户，必须搞清楚客户到底需要什么，怎么生产才能满足这些客户的需求。"

马云认为，没有客户批评阿里巴巴，就没有依据改进阿里巴巴的方向，没有改进，阿里巴巴就不会发展。因此，在阿里巴巴公司，马云把客户的投诉不仅当成是一种财富，而且当作阿里巴巴这个企业的重要战略，甚至看成是阿里巴巴这个企业的发展方向。

为此，马云强调不投诉的客户不是好客户，不接受投诉的企业不是好企业。马云坦言："我每天一定看阿里巴巴的网站，每天一定看淘宝的论坛，这里有各种投诉，看到后我心里很顺。你看我们公司接到这么多投诉，肯定做得不错。但如果把这些投诉都解决的话，会做得更好。"

马云建议创业者说："不要迷信技术，而是要将更多的精力放在顾客与市场上。在商场上最大的同盟军是你的客户，把客户服务好了，你就会成功。决定成功的是客户而不是竞争对手。"

---

① 周星潼.芝麻开门:成就阿里巴巴网络帝国的13个管理法则[M].武汉：华中师范大学出版社，2012.

在阿里巴巴，对那些没有购买商品的客户同样进行客服，因为这些潜在客户提供的建议能够帮助阿里巴巴发现自身服务的不足。

不可否认的是，有些客户所提建议有时也可能是错的，所以，完全根据客户的要求而改变产品种类和性质也不行。听取某个人或少部分人的片面之词，会给企业的生产带来麻烦。有不少企业因为一味地顺从客户要求，最后败得一塌糊涂。所以，在为客户服务的同时，企业应有自己的主见。在以坚持正确方向的基础上，尽量满足客户的需求。①

针对这种情况，马云向阿里人传达的最高指示是："有时候我们公司奉行'客户永远是对的'这一原则，但是，有时候客户是错的，他们不知道你们在干什么。你们是企业家，明白自己在干什么。阿里巴巴是一个商务服务公司，帮助大家在网上达成合作。所以，我对电子商务的交易就是这么一句话概括，'它是一个工具，不是炸弹。使用这个工具，它能帮你把你的产品推广到全国，乃至全世界；它能帮你在网站上收集其他人的信息；它能帮你加强内部的管理和调节。'"

---

①周星潼.芝麻开门:成就阿里巴巴网络帝国的13个管理法则[M].武汉：华中师范大学出版社，2012.

THREE 第三章

你放弃了自己的客户，你一定会死掉

客户不喜欢你，一定有他的原因和理由，我认为创业者最最重要的是，要学会跟人打交道。只有通过别人，通过团队，你才能够拿到自己的结果。

——阿里巴巴创始人 马云

■ 客户是企业的衣食父母

> 当1999年互联网泡沫时，我们什么都没有，唯一让我们坚持下来的就是来自客户的感谢信、邮件。他们说，阿里巴巴必须坚持下去，你帮助了我们，有一天我们也会帮助你。让公司继续下去就是我曾经的梦想。
>
> ——阿里巴巴创始人 马云

在很多论坛上，一些企业家都在宣称"客户是企业的衣食父母"、"客户是上帝"，然而，在实际的经营中，有些企业家就把"客户是企业的衣食父母"、"客户是上帝"给忘记了。

然而，马云却坚持"客户是企业的衣食父母"、"客户是上帝"。在新加坡举行的2009年亚太经合组织（APEC）中小企业峰会上，时任阿里巴巴董事局主席、首席执行官的马云，在会上再度强调"客户第一"。

马云告诫中小企业："每次遇到困难，我都会记住三件事：专注于你的客户，服务于你的员工，向你的竞争者学习。"

称自己为"八个孩子的父亲"（八个子公司）的马云，经历了无数困难，领导的原本18人的小公司目前已成为一家中国也可能是世界上最大的电子商务公司。他感慨企业发展不易，尤其是中小企业，但经历无数困难的他强调："客户第一"是成功的关键。[1]

在会上马云再度回忆说："当1999年互联网泡沫时，我们什么都没有，唯一让我们坚持下来的就是来自客户的感谢信、邮件。他们说，阿里巴巴必须坚持下去，你帮助了我们，有一天我们也会帮助你。让公司继续下去就是我曾经的梦想。"

马云最后强调："如果你放弃了自己的客户，你一定会死掉。"

马云曾在公开场合谈过，马云的母亲购买海尔空调的原因很简单，那就是海尔空调安装工到客户家里安装空调时都带了一块抹布。

当海尔空调安装以后，用这块布将地板擦干净，然后再离开。对此，马云坦言，海尔空调的这块抹布，擦的不是地板，而是客户的心。此后，马云规定，阿里巴巴服务定向是客户第一，员工第二，股东第三的原则，人性化的服务使阿里巴巴口碑更好，更多的客户都是口口相传发展起来的。[2]

---

[1] 佚名.阿里巴巴马云：困境记三事，客户依旧第一[EB/OL].2014.http://club.china.alibaba.com/forum/thread/view/110_26907586_r98396625.html.

[2] 佚名.读马云《创业启示录》有感[EB/OL].2014.http://blog.sina.com.cn/s/blog_6f66c6c20100one8.html.

■ 即使净利润下跌，也要坚持以客户为中心

> 如果说能够形成客户帮客户，就是你创造了价值了。如果客户替你说好话的时候，这东西真好；客户不替你说好，这东西就是假好。
>
> ——阿里巴巴创始人　马云

在沃尔玛购物商场，顾客们总会被墙上显眼的顾客服务原则所吸引。"沃尔玛"顾客服务原则："第一条，顾客永远是对的。第二条，如果对此有疑义，请参照第一条执行。"面对"沃尔玛"顾客服务原则，总会感觉到上帝的感觉，感叹"沃尔玛"成为全球最大的零售商，原来就是把顾客当作上帝。

客户是阿里巴巴的利润源泉。因此，马云在多个场合下表示，阿里巴巴感谢所有客户，并提倡全体员工尽全力帮助客户。

从马云的很多演讲中就不难理解，马云时时刻刻都在强调客户对于阿里巴巴的重要，甚至马云还称"客户是阿里巴巴的拯救者"。

足以看出马云对客户的重视。不管是在互联网经济泡沫破灭的时刻，还是金融危机中，马云都依然坚持"客户第一"。比如：在2001年，此刻正是"互联网泡沫破灭"，整个互联网都笼罩在冬天之中。

在"以商会友"论坛上，面对前景的诸多不确定性，也有不少企业家担心阿里巴巴会被投资者控制，甚至有企业家忧心地问，如果阿里巴巴再不赢利，马云也会像其他网站的CEO一样被开除。

当这样的问题问马云时，马云却很自信地回答："这样的情况不会发生，阿里巴巴创下的业绩得到董事会的赞同和支持，而为这些业绩作出最大贡献的人除了阿里巴巴的员工，还有客户。"

马云强调，以客户为中心不是口头说说就行了，而是实实在在地做到位。在2006年，马云告诫创业者说："就像阿里巴巴有今天，马云在这个公司里起的作用不大一样，阿里巴巴在整个中国的电子商务中起到的作用也不大。我前两天跟雅虎的一个同事交流什么叫以'客户为中心'。你们在座所有的人记住，这是一个不变的道理，是我从1995年到现在12年创业的经验，以

客户为中心就是前一万个客户就是你CEO自己做，前十万个客户是你的团队做，前一百万个客户是十万个客户去做。如果说能够形成客户帮客户，就是你创造了价值了。如果客户替你说好话的时候，这东西真好；客户不替你说好，这东西就是假好。"

马云坦言，无论从事哪个行业，企业一旦没有客户就如同鱼没有水一样无法生存。对于企业而言，客户是维系企业生存和发展的源泉，作为创业者，必须时刻替客户考虑，不能只顾着企业赢利。

一旦所有的客户都倒闭了，作为服务者的企业必然失去了利润来源，必定也会倒闭。比如：阿里巴巴就是这样一个服务者，阿里巴巴之所以得到高速发展，离不开客户的支持和帮助。

如今的阿里巴巴成为行业巨头，自然不可以忘记曾经作出贡献的客户。在2008年金融危机中，马云就曾提出过"要帮助客户渡过难关"。

马云说："我们对全球经济的基本判断是经济将会出现较大问题。我的看法是，整个经济形势不容乐观，国内很多企业生存将面临极大挑战。接下来的'冬天'会比大家想象的更长！更寒冷！更复杂！如果我们的客户都倒下了，我们同样见不到下一个春天的太阳！帮这些企业渡过难关是阿里巴巴的使命。"

就算是金融危机中，在很多场合中，马云也依然坚持"以客户为中心"，甚至马云还说："即使净利润下跌，也要坚持客户第一。"

据赛迪网显示，2009年5月6日，阿里巴巴发布截至2009年3月31日的第一季度业绩。季报显示，阿里巴巴第一季度营收为8.066亿元，比2008年的6.801亿元增长18.6%；净利润为2.534亿元，比2008年同期的3.007亿元下滑15.7%。[1]

面对金融危机的影响，时任阿里巴巴CEO的卫哲就阿里巴巴的投资扩展策略解释谈到，投资扩展首先指向的就是"客户第一"。[2]

卫哲说："尽管我们于第一季度的营业收入较2008年同期上升了18.6%，

---

[1] 阴逆旅.马云：即使净利润下跌也要坚持客户第一原则[EB/OL].2014.http://tech.sina.com.cn/i/2009-05-07/09323070535.shtml.

[2] 阴逆旅.马云：即使净利润下跌也要坚持客户第一原则[EB/OL].2014.http://tech.sina.com.cn/i/2009-05-07/09323070535.shtml.

我们决定按照早前宣布的计划,将利润率重新投资于客户、人才和创新技术方面,以扩大未来的增长。我们的经常性经营自由现金流充裕,同比增长达25%,有足够的财力作这些投资。虽然这导致净利润(GAAP)同比增长下跌,但我们确信今天的投资将为阿里巴巴的股东带来长远的利益。"

不仅是卫哲,作为创始人的马云也在此刻称,客户对于任何一个企业而言,都是企业成功的重要因素之一,不可或缺。阿里巴巴始终坚持"客户第一"的原则。在阿里巴巴最看重的是客户是否能够赚到钱,是否得到了最好的服务。阿里巴巴公司的第一个信条是客户第一,客户是父母。

在阿里巴巴的"三个代表"中,"代表广大的客户利益"也被放在了首要位置。马云强调,阿里巴巴一直以来把客户放在最重要的位置,中小企业是全球经济的重要组成部分,在当下经济环境的冬天下,阿里巴巴最重要的任务是要帮助中小企业生存下去和更好发展,在过去一年多的时间里,阿里巴巴把利润的一部分投资在客户身上。马云透露,投资客户的项目包括对客户服务的大量投入,推出"出口通"产品以及对加大对欧美以及全球市场的推广投入等。①

---

① 阴逆旅.马云:即使净利润下跌也要坚持客户第一原则[EB/OL].2014.http://tech.sina.com.cn/i/2009-05-07/09323070535.shtml.

MA YUN

BUSHI TELI

第七部分

在很赚钱时才去融资

要记住，你一定要在你很赚钱的时候去融资，在你不需要钱的时候去融资，要在阳光灿烂的日子修理屋顶，而不是等到需要钱的时候再去融资。

——阿里巴巴创始人　马云

第一章 ONE

不要从创业第一天起就想着融资

不要从创业第一天起就想着融资,在没有盈利之前也不要去想,绝大部分企业在没有盈利之前融资是不正常的。

——阿里巴巴创始人　马云

■ 融资需要天时、地利、人和

> 做企业,首先要想到的是没有融资我也能盈利,等你盈利了,想扩大盈利的时候,那时就会有人想要投钱了。没有盈利的时候想说服别人投资,投资人多半会说:等你盈利了再说吧。
>
> ——阿里巴巴创始人　马云

在中国,不论在中小企业还是微型企业,其融资都是企业创立和发展的一个重要环节,也是理论界和实践界长期关注的热点问题之一。

由此可见,融资问题一直困扰着非常多的创业者。研究发现,很多创业者为了解决融资问题,有的创业者甚至在创业第一天起就开始筹划融资的事情。

在2010年6月,在阿里巴巴股东大会上,马云向中小企业创业者传递了一个"分享商业智慧，助力小企业人群"的"云计划"，马云亲手启动了"云计划"并担任首席导师。创业10年后，再次充当老师的马云在这个平台上频频亮相，观点犀利。

面对诸多小企业创业者步入融资误区，及其对融资时间的举棋不定等问题，马云为此对中小企业创业者发出这样的警告——小企业不要急着圈钱。

然而，许多创业者却在融资的困境中煎熬着。比如：在房产中介服务行业工作十年的胡志刚决定创业。让胡志刚没有想到的是，在胡志刚转战互联网创业时，就遭遇诸多难题。

根据胡志刚的介绍，在2009年，胡志刚就开始组织团队研发专业的找房网站，并于2010年初上线。

该找房网站的定位是，地产中介服务商和经纪人，但在该找房网站推广初期，无法形成盈利，使胡志刚年内推广到20个城市的雄心勃勃计划遭遇了囊中羞涩的尴尬。

胡志刚纠结于何时融资的苦恼，正是中国万千小企业在创业初期因"缺钱"而进退维谷的真实写照。这样的呼声很快在"云计划"中得到超过万人的点击和关注。①

针对胡志刚等创业的融资误区问题，马云告诫创业者："不要从创业第一天起就想着融资，在没有盈利之前也不要去想，绝大部分企业在没有盈利之前融资是不正常的。"

马云的告诫似乎与很多创业者的做法迥然不同，在众多创业者意识中，只有缺钱的时候才是融资的最佳时期。因此，马云的观点看似与时代行情格格不入，当大量互联网企业沉醉和炫耀于刚诞生就获得大批投资的"钱途似锦"时，已经坐拥亿万身价的马云对"钱"的态度就谨慎和冷静了许多。②

融资，这个创业者非常关心的问题，马云却一次次用自己的融资经验告诫创业者："钱是资源，不可以没有，但光有钱一点用都没有！今天的网络，不是凭资本打天下，而是靠思想打天下、靠行动打天下、靠团队打天下、靠创新打天下。做企业，比的是花最少的资源做最大的事情，别人做这个事情要15块，你只要5块钱也能做得一样好，那你就赢了。"

①张绪旺.马云：小企业不要急着圈钱[N].北京商报，2010-06-02.
②张绪旺.马云：小企业不要急着圈钱[N].北京商报，2010-06-02.

■ 创业者要善用"他人钱"

> 如果银行真想做，这样对称的事情难道还做不起来吗？我相信中小企业的峰会我们的大行长不会来，但是500强的峰会他们可能就会去。
>
> ——阿里巴巴创始人 马云

众多周知，作为急需融资的创业者到银行去贷款时，往往遭遇繁琐的程序而被拒之门外。

显然，银行这样做就是有点嫌贫爱富。在APEC中小企业峰会论坛上，尽管融资难已经成为APEC中小企业峰会与会代表热议的话题，甚至有代表直言不讳地说：银行"只锦上添花，不雪中送炭"。

在APEC中小企业峰会现场，当谈到中小企业融资难的老大难问题，马云颇为激动地说："为什么国企、房地产得到贷款，而中小企业没有，同样的问题我已经听了6年，我还要听多少年？"

面对中小企业与会代表的质疑，而银行业代表则认为，中小企业融资难的原因是银行与企业间信息不对称。工行浙江分行业务部总经理助理陈诗礼说："为什么银行不能放信用贷款，为什么不能速度快一点？为什么利率不能低一点？说到底，银行不会做信息不对称的事情。我不知道你的信用、不知道你的信息的话，银行各个成本都会加大。"

来自银行的数据显示，中小企业的不良贷款率也超过银行平均整体不良贷款率。陈诗礼表示，1999年国企改制后，贷款不良率一般在1%以下，而中小企业在去年金融危机时不良贷款率达1.46%。招行代表表示，浙江分行在去年不良贷款率达0.4%，中小企业比例在0.5%~0.6%。[①]

---

① 薛松.马云忆当年融资难：一家家敲门一家家被拒[N].广州日报，2009-09-17.

而招商银行杭州市分行中小企业部副总俞雷文认为,银行是以盈利为目的的商业机构,怎么样既防范风险又能获取利润,是可持续发展的前提。他们在和中小企业打交道中,对一些管理不太好,效率比较低,产品前景不太好的企业,确实拒绝放贷。①

而马云却不认可银行业代表的观点,马云认为,中小企业融资难在于与银行"利益不对称"。

马云显得极为激动地说:"如果银行真想做,这样对称的事情难道还做不起来吗?我相信中小企业的峰会我们的大行长不会来,但是500强的峰会他们可能就会去。"

其实,马云说得很正确,银行和中小企业之间的信息还是相对对称的,不过是利益不对称,信任不对称,责任不对称而已。

针对陈诗礼说法,马云认为,"银行刚才说了国企的坏账率比民企低一点,可是很多国企是做垄断行业的,而中小企业完全靠市场,假如给我们机会,我们会做得更好,如果给在座的小企业钱,我相信一定会还。"

针对陈诗礼的担心的中小企业信用问题,马云认为,这种顾虑是多余的。马云说,自己1992年的时候创办了一家翻译社,当时每年的房租高达2万多元,但翻译社第一个月收入才700块钱,还是熟人介绍的生意。为了维持生存,马云向银行贷了3万块钱,"这三个月几乎没有睡着觉过,即使是上哪借钱,也要把钱还回去"。

的确,马云的观点非常犀利。马云表示,阿里巴巴在成长的初期,没有得到过银行一分钱贷款,没有拿到政府一分钱。现在,阿里巴巴成长起来后"银行开始敲我的门"。马云认为,银行以"信息不对称"为由拒绝向中小企业融资其实是一种托词。"不是信息不对称,而是信任不对称,利益不对称。"

面对银行必然的"嫌贫爱富","小企业的资金之痛"究竟如何解决?马云鼓励创业者自己去融资,马云表示,阿里巴巴从创业至今未拿过政府和银行一分钱,因此他鼓励中小企业通过自身发展解决融资难题。

马云说:"很多人知道我花了6分钟说服了孙正义,为阿里巴巴融到了钱,但却只有很少人知道,在这6分钟之前我遭到多少回绝,甚至冷言冷语。"

---

① 薛松.马云忆当年融资难:一家家敲门一家家被拒[N].广州日报,2009-09-17.

马云回忆起阿里巴巴成立初期，当年为了给阿里巴巴融资，马云与蔡崇信赶赴美国硅谷，7天里见了40多个风险投资者，结果所有人都对他说NO，甚至说这是最愚蠢的商业计划。那次的美国行，没有给阿里巴巴带回资金，但是马云却带回了梦想。①

马云说："我们可以有一万种理由安慰自己，我不成功是因为我没有钱，因为别人不理解我、不支持我，绝大部分的人会为失败找借口，很少为成功找方向，我们创业者应该学会为成功找方向。"

---

①扬子晚报.马云炮轰银行贷款嫌贫爱富[N].扬子晚报，2009-09-14.

TWO 第二章

一定要在赚钱的时候去融资

对那些今天盈利情况很好的企业,你们要记住,你一定要在你很赚钱的时候去融资,在你不需要钱的时候去融资。

——阿里巴巴创始人 马云

■ 融资最佳的时间是不需要钱时

> 要在阳光灿烂的日子修理屋顶,而不是等到需要钱的时候再去融资,那你就麻烦了。所以,在你不需要钱的时候去融资,这就是融资的最佳时间。
>
> ——阿里巴巴创始人 马云

创业者在什么阶段融资最为合适,什么时候才是融资最佳的时间?这个问题一直是创业者急需解决的问题。

的确,对于创业者而言,都非常关心何时才是初创企业最佳的融资时间。在马云看来,对于那些急需融资的许多创业者来说,在什么时间融资都是需要慎重考虑的问题。

为此,马云说:"互联网公司吸引投资者,我个人感觉主要是中国的市场,但是我们还是要考虑融资对我们是不是真的有意义、有价值,从而决定是不是跟他们往前走。有关高管套现的事,他们在这些网络公司的发展初期,进入互联网这个领域去冒险,他的股票来往从中获得一些回报,这是理所当然的事情，甚至我觉得不表明他们对网络公司未来的看法。"

然而，有一些创业者由于融资能力差，又加上极度缺乏资金。在此刻就会产生一种"有奶就是娘"的心理。如果创业者保持这样的心理去融资，创业者必然会无条件接受投资方的任何条款。

这样的融资时间和方式，马云是不赞成的。马云说："我并不看重钱，我看重钱背后的东西，我看重这个风险资金能够给我们带来除了钱以外的东西，这是我最关注的。而且风险资金到底能够帮助我们什么，它是不是有这样的能力，是不是有这样的人专门为我们服务，这个我很关心。所以，我挑剔风险资金的程度绝对不亚于风险资金挑剔项目，我可以比它们还过分一点。"

马云坦言，在创业初期，对于初创企业而言，融资就是一个大问题。不过，对于投机者，马云一向拒之门外。在阿里巴巴成立初期，有一个民营企业的老板找到马云，开门见山表示要投100万元，但是要求马云一年之后给他110万元，也就是说每年给他10%的利润。[①]

对此，马云强调："投资是个长期行为，要不然叫什么投资，否则就叫投机，买股票还要掉下来呢。准确地说，我们需要的不是风险投资，不是赌徒，而是策略投资者。他们应该对我有十足的信心，20年、30年都不会卖的。"

■ 在运营初期不应过分地追求融资

> 投资者老是希望投更多的钱，我们现在每月都以两位数的规模在成长，无论是销售额还是利润，我们不需要钱。钱太多了不一定是好事，人有钱就会犯错啊！
>
> ——阿里巴巴创始人 马云

[①] 周星潼.芝麻开门:成就阿里巴巴网络帝国的13个管理法则[M].武汉：华中师范大学出版社，2012.

众所周知，在企业运作中，资本就如同企业的血液一样，如果没有资本，那么初创企业就根本不可能存活下去。

在很多场合，马云告诫创业者说，融资是创业者筹集资金的一个重要手段，创业者在选择投资者时，一定要慎之又慎，一旦一着不慎，就会导致满盘皆输的结果。因此，创业者必须警惕那些抱着"捞完就跑"的投机者，只有选择有长远目光的投资者才是创业者最终的引入战略投资的目的。因此，只有选择策略投资者，才可能为初创企业提供最适合的资金和发展机会。

纵观诸多失败的企业，这些企业的失败，不是引入的投资过少，而是引入的投资太多。这就要求创业者要根据初创企业的实际情况和发展方向来选择投资金额，不能总想一口吃个胖子，否则物极必反。

在一些创业者的失败案例中，由于引入了大量的投资之后，于是就开始扩建厂房、添置先进的设备、聘用高端，特别是去挖掘世界500强企业的人才、提供中高层领导者的薪水、提高产品研发费用……

在马云看来，引入太多的资金未必是一件好事。马云告诫创业者说："投资者老是希望投更多的钱，我们现在每月都以两位数的规模在成长，无论是销售额还是利润，我们不需要钱。钱太多了不一定是好事，人有钱就会犯错啊！"

在阿里巴巴引入战略投资之后的2000年，马云和其他创业者一样，当引入的战略投资到位后，在引进投资方面马云还是犯下了错误。

有了充裕的流动资金，马云吹响了阿里巴巴进军世界的号角。马云不仅把阿里巴巴的触角伸展中国香港特别行政区，甚至还拓展到了美国硅谷、韩国，以及英国首都伦敦。

在开疆拓土的过程中，马云不仅快速拓展香港业务，甚至还将阿里巴巴的英文网站放到硅谷。

然而，让马云措手不及的是，在那个互联网的冬天，数不胜数的互联网公司相继倒闭。

而这个互联网寒冬也影响了阿里巴巴硅谷中心的运营，没过多久，阿里巴巴硅谷中心也陷入生存危机之中。

在一片刺骨的寒风中，对于此刻的马云来说，责任相当重大，因为如果不果断地采取相应措施，那么整个阿里巴巴就会成为互联网寒冬的殉葬者。

在2000年底，马云果断地宣布，阿里巴巴全球大裁员。在尔后的2001年，马云开展了阿里巴巴的"整风运动"。

"如果你心浮气躁，请你离开。"这番话，马云不仅是对员工讲的，也是对自己讲的。在日后的岁月中，深思熟虑的马云开始转型，在分析当时国内电子商务环境后，马云将目标锁定在安全支付问题上。2002年3月，阿里巴巴启动了"诚信通"计划，和信用管理公司合作，对网商进行信用认证。结果显示，诚信通的会员成交率从47%提高到72%。于是，从2002年开始收费、年付费用2300元的"诚信通"成了阿里巴巴赢利的主要工具，45000个网商的营收源让阿里巴巴日进100万金。①

马云在公开场合坦言，在1999年7月，一个投资者打电话给马云，电话的内容是该投资者有意向注资阿里巴巴。

于是，马云叫了彭蕾一起过去洽谈投资事宜。经过一番自我介绍，马云得知，投资者是从上海来的，该投资小组一共三个人。

在前半部分的洽谈中，一切进展顺利，然而，当谈到实质性问题时，马云和有意向投资者出现了严重的分歧。

尽管当时的阿里巴巴经营困难，已经到了"揭不开锅"的境地，甚至可以说给员工发工资的流动资金都没有了。

然而，马云再三考虑，却作出了一个决定——拒绝接受投资。马云认为，除了注入资金外，该企业不能为阿里巴巴带来任何其他东西。

从那以后，马云就开始马拉松式的融资谈判，在这个过程中，马云却连续拒绝了37个投资者。

马云之所以拒绝37个投资者，是因为马云深知，只有真正能够为阿里巴巴带来帮助的投资者才是阿里巴巴需要的投资者。

马云坦言："希望阿里巴巴的第一笔风险投资除了带来资金以外，还能带来更多的非资金要素，如进一步的风险投资和其他的海外资源。"

马云的经验值得创业者学习，作为一个创业者，要想使得初创企业长久

---

① 佚名.马云创业真经：创业者绝不能浮躁，不能急功近利[EB/OL].2014.http://club.china.alibaba.com/threadview/35426541.html.

发展，就必须清楚，除了提供资金外，还必须能够带来其他资源。

在阿里巴巴的融资过程中，马云在融资时，强调投资者不能过多干涉阿里巴巴公司内部的运作。因此，在融资时，马云需要的是一个可以放手让他们干的投资者，限制太多或放任不管都是不行的。

马云说："有两种投资是最不能接受的，一种是'管得太严'的，这种投资者天天看着你，你动一步他就要管管你，很没劲，他自己来做算了，还要我这个CEO干什么；另一种是'从来不管'的，这种人'把鸡蛋压在篮子里面'，投了十几个、二十几个项目，他人总共没几个，他根本就不关心你。"

事实证明。要想让创业企业获得生存和发展，作为创业者，就必须把初创企业的控制权掌握在创业者手里，创业者一旦选择了错误的投资者，那么就可能毁掉一个优秀的企业。特别是在创业初期，如果选择了一个事事都要干涉的投资者，很有可能不小心掉入投资者设下的陷阱，渐渐失去自主权。①

为此，马云在多个场合表示，作为创业者，即使是弹尽粮绝，也必须保留一个创业者、企业家应有的尊严。马云坦言，面对无数主动送上门的金钱诱惑，必须敢于用"不缺钱"的态度拒绝一切不合格的投资者。

然而，马云的坚持得到了回报。正是因为马云的坚持，得到了高盛、软银的认可。马云坦言，当初选择了条件相对苛刻的高盛，主要是看中了高盛的国际背景和他们不干涉经理层对公司的运作的原则。选择软银，主要的是，孙正义之前创过业，又一直在IT、互联网圈内持续投资，拥有适度规模的资金和一定的海外资源，可以为阿里巴巴提供扩大全球业务的后盾，并且孙正义表示，坚决不干涉阿里巴巴的"内政"，这是最让马云心动的因素。②

马云说："与软银建立伙伴关系给予我们一个强劲的支撑，从而有利于深化及扩大我们的业务，为全球贸易商提供更多价值。在孙正义投资的所有企业中，阿里巴巴是他十分重视和信任的为数不多的企业之一。从注入资本至今，他几乎没有干预企业的相关事务。他和我的理念一样，就是要赢在未来，对阿里巴巴作长期的战略考虑。"

---

① 周星潼.芝麻开门:成就阿里巴巴网络帝国的13个管理法则[M].武汉：华中师范大学出版社，2012.

② 周星潼.芝麻开门:成就阿里巴巴网络帝国的13个管理法则[M].武汉：华中师范大学出版社，2012.

第三章 THREE

不要觉得VC是爷，
VC永远是舅舅

要找风险投资的时候，必须跟风险投资共担风险，你拿到的可能性会更大。

——阿里巴巴创始人 马云

■ 尊重战略投资者不代表创业者完全服从

> 对股东，我尊重他们，我倾听他们，但我会按照我自己的想法去做。
>
> ——阿里巴巴创始人 马云

毫无疑问，初创企业一旦决定引入战略投资者，同时也意味着将放弃对初创企业一定程度的控制权。这也未必是一件坏事情——假如能够正确地对待战略投资者，那么战略投资者将会提升初创企业的经营能力，无疑会拥有更多的成功机会。

在做强初创企业的过程中，特别是创业初期，有些创业者就想着如何地引入战略投资者。对此，有人说："资本是一个很奇怪的东西，它让人又爱又恨，没有资本使一家企业举步维艰，有了资本也能让一家企业寸步难行。中国有很多企业因为强调控股权与控制权，最终陷入了利益斗争中，影响了公司发展。①

究其原因，还是创业者没有能够正确地对待战略投资者，有的创业者甚至把战略投资者当作主人，而创业者把自己当作仆人了。

马云却不认同很多创业者的做法。马云强调，不管是战略投资者，还是创业者，在引入资金时，双方都是平等的，不存在主仆关系，但是作为创业者，必须尊重每一位股东，创业者需要注意的是，尊重战略投资者，并不代表创业者完全服从战略投资者。

马云说："对股东，我尊重他们，我倾听他们，但我会按照我自己的想法去做。"

马云的告诫给诸多创业者提了一个醒，那就是创业者和投资者之间不存在主仆关系，只存在着相互尊重的关系。当阿里巴巴遇到重大问题时，如企业发展方向、营销战略，等等，马云及其管理团队会自己作出决定。

马云多次告诫创业者说："跟VC沟通过程当中，不要觉得VC是爷，VC永远是舅舅。你是这个创业孩子的爸爸妈妈，你知道把这个孩子带到哪去。舅舅可以给你建议、给你钱，但是肩负着把孩子养大的职责的人是你。VC不是来替你救命的，只是帮助你把公司养得更大。"

反观阿里巴巴的发展，不管是软银的孙正义，还是高盛，都因为马云坚持相互尊重的原则，到如今为止，马云和投资者之间的关系非常融洽。

在很多时候，马云经常向投资者汇报阿里巴巴的经营情况。马云建议创业者说："你告诉他我这个月会亏、下个月会亏，但是只要局势可控VC都不怕，最可怕的是局势不可控。所以跟VC之间的沟通、交流非常重要，不一定要找大牌。"

然而，一些创业者往往是得到了战略投资之后，一旦当创业企业遭遇经营困难，或者遭遇危机时，创业者往往会隐瞒初创企业的经营状况，尽可能地回避战略投资者，甚至把初创企业经营不善的责任推诿给社会环境，或者竞争者身上。

为此，马云告诫创业者说："我登门是去访问我的投资者，我必须向他们报告一下我前一段时间做得怎么样。有时候我们的工作交流很少，大家就在一起喝个茶、吃个饭，在办公室里胡侃一下。"

---

① 余在杭.芝麻开门：马云和阿里巴巴的成功之道[M].北京：中国时代经济出版社，2007.

马云这样做，不仅加深了创业者和投资者之间的沟通，一旦沟通到位就可以减少诸多不必要的麻烦。因此，当初创企业经营困难时，就必须和投资者沟通，因为既然投资者是舅舅，就有帮助外甥渡过难关的义务。当企业遇到困难时，投资者必须要和企业、企业家共同进退。①

■ 让投资者追着创业者投资

> 我坚信不疑的事情是：资本只能是赚取利益，资本家永远是舅舅，你是这个企业的父母，你要掌握这个企业的未来。

——阿里巴巴创始人 马云

在当下的媒体头条中，对赌协议曾经多次出现。研究发现，一些创业者为了融到资金，不惜拿出初创企业的控制权来引进战略投资。

马云建议，创业者在选择投资者的第一天时就和投资者讲好："倒霉的时候我是需要你的，要是倒霉时你比我跑得还快，那可不行。所以，我觉得脑袋要决定口袋，但脑袋要知道自己做什么。"

然而，在很多省市，一些创业者盲目扩张，急于求成，在创业没有多久就想融资，特别是引进巨额的投资以达到扩大经营的目的。

在中央电视台经济频道《赢在中国》栏目创业选手的比赛中，其中有一名创业选手的创业项目是，在汽车用品厂商和消费者之间搭建一个服务平台，为车主提供产品和施工服务。

当马云倾听了这个创业选手的想法后，马云给这名创业选手的建议是："你的项目不错，人很踏实，但是不应该给你钱，给你钱会害了你。很多人失败的原因不是钱太少，而是钱太多。刚开始做得小一点，一点点积累，你会

---

① 余在杭.芝麻开门:马云和阿里巴巴的成功之道[M].北京：中国时代经济出版社，2007.

做得很踏实，所以你这个项目最好三年以内不要考虑赢利，不要考虑融资。"

马云的告诫值得创业者参考。究其原因就是。作为一个刚创办不久的创业企业，摆在首位的是，先要脚踏实地把初创企业的基础打好、打牢，而不是创业者急于去各种场合来融资。

马云告诫创业者说，创业者假设非融资不可，必须在融资时格外谨慎，只有融到恰当的钱，融到有利于更好发展初创企业的钱。

这样的融资才算是成功的。马云还认为，并非所有的风险投资者在投资时，都以"鸠占鹊巢"为目的。

不可否认的是，以"鸠占鹊巢"为目的的风险投资者也是的确存在的。这就需要创业者擦亮眼睛，当创业企业所需资金主动摆在创业者面前时，创业者千万要小心，因为这样的投资也有可能是风险投资者给创业者布的一个"陷阱"。

当然，也有可能是"馅饼"。一旦有战略投资就引入，那么创业者就很可能因为融入太多的钱而失去对创业企业的控股权。

而那些为了引进风险投资而失去控制权的创业者而言，钱太多了也并非都是好事一件。因此，马云认为，不希望创业者天天盼着投资，马云告诫创业者说："任何事情都有正面和反面的。创办一个企业的时候千万不要想到我要创办一个企业，我要融资，这样你永远办不好一个公司。钱只不过是一个好的惊喜，你不要天天盼着投资，任何一个投资者发现你追着他的时候他逃得比你还快。所以，我希望很多办中小型网站和中小型企业的人，做好了需要投资者的时候找我。"

事实证明，风险投资的目的就是投资利益最大化，也就是说，在战略投资者看来，把资金投给发展前景较好，有赢利潜力的企业。相反，一旦一个初创企业的创业者天天盼着、追着战略投资者投资，那么战略投资者则会产生顾虑，随时准备抽身。

的确也是这样，在《命门：中国家族企业死亡真相调查（升级版）》一书出版后，一家家族企业老板邀请我去做培训，期间，该创始人抱怨说："周老师，您说，这些风险投资总是追着我把钱投给我，我压根就不需要，您说烦不烦。"

然而，在《中外家族企业成功之道》培训课上，一个学员却抱怨说："周老师，您说，现在的风险投资真够势利的，我去跟他们洽谈，动不动就说你这个企业的模式不对，什么时候能够盈利1亿元。"

然而，阿里巴巴经过一段时间的发展，就得到了软银、高盛这样的投资者的资本，所以，马云没有把融资看得很重，马云却从来没有主动追着软银、高盛去融资，反而是不断地有战略投资者主动地把风投送上门。

马云在演讲中解释说："投资者最怕的就是你问他要钱。投资者最希望看到的是你不要钱，他给你钱。所有投资者都一样。你赚钱了，他天天盯着你；你不赚钱，你向他要钱，他跑得比谁都快。我相信孙正义喜欢我，所有的投资者喜欢我，是因为我老实地说我想做成这么一件事情。这件事的结果一定会带来很多钱，所以他看见的是我这个眼神。全世界有钱的人很多，但全世界能做阿里巴巴的人并不多，这是我觉得我们的信心所在。投资者你不给我，自然有人给我，我就找愿意给我的人。全世界有很多投资者，全世界马云就一个，没办法。"

在阿里巴巴的发展中，融资起到了重要的作用，在2000年，马云就坦言融资的重要性。马云说："融资就是一个加油的过程，如果路程很短又何必加这个油呢？阿里巴巴上次融资融到了2500万美元，到现在我只花掉了一个零头，还有2000万美元一分没动。所以我只有花2000万美元的本事，给我一个亿我花不出去。什么意思？融到资企业就要上规模，我只有管100人企业的本事，你一下子给我一家500人的企业，我只能把它做垮。"

FOUR 第四章

不能在资本层面稀释掉对企业的操纵权

> 几乎所有民营企业吃过一次亏就是想方设法去控股。我没有控股董事会。
>
> ——阿里巴巴创始人 马云

■ 稀释掉公司控制权的融资没有任何意义

> 我成立阿里巴巴的时候,就跟董事会投资者讲,阿里巴巴的董事会是一个工作的董事会,不是在分享权力的董事会。CEO要凭自己的智慧、勇气、胆略去领导这个公司。
>
> ——阿里巴巴创始人 马云

事实上,在做强创业企业的过程中,融资始终是一个绕不过去的问题。作为创业者来说,尽管一些创业企业极度缺乏资金,而在此刻,也愿意给初创企业注入资金。

然而,马云却告诫创业者,面对初创企业急需的资金,作为创业者必须要冷静对待,绝对不能在资本层面稀释掉对于公司的控制权,尤其是在创业成败的关键期。

在这里，我们来回顾一下国内的一些真实案例：2001年6月初，新浪网创始人王志东辞去公司首席执行官（CEO）、总裁、董事等职位，王志东的离开在业界引起了关注。

在王志东离开新浪网之前，中国大陆地区已经有一些公司在融到创业投资后，创始人因为遭遇种种问题先后离开自己辛苦创建的企业，如瀛海威的张树新、中公网的谢文、Chinaren的陈一舟、8848的王峻涛、美商网的童家威，等等。

不仅如此，也有一些创业企业在融到创业投资后，在创业投资者的操盘下，积极引入职业经理，创始人从公司的"一把手"位置后撤，如一些技术出身的创始人转向主要负责技术开发，而不负责公司的总体发展和日常管理等。①

从这些失去控制权的创业者的处境来看，马云的指导思想更具建设性。因此，作为创业者面对外界资金的注入，必须要能克制金钱的诱惑。

在融资过程中，马云告诫创业者，面对来自各方的风险投资，创业者绝对不能见钱眼开，一旦见钱眼开，极有可能会失去自己在公司的控制权。

研究发现，马云在历次融资中，都坚持阿里巴巴公司的控制权绝对不能旁落他人之手，这是马云一直坚持的原则。即使到了2004年2月，阿里巴巴第三次融资8200万美元，马云及其创业团队仍然是阿里巴巴的第一大股东，占有47%的股份。②

从马云在阿里巴巴的融资运作过程中研究发现，一些创业者为了获得从外部的创业投资资本，从而出让企业的部分股权给那些有经验和能力的创业投资者。尽管双方会签订投资协议和相应的股权协议等一系列合同，接受创业投资的创业企业（以下简称风险企业）的产权从法律上讲是明晰的，但是，风险企业中高层管理团队的人力资本具有特殊的重要性，尤其是处于种子期和初创期的企业，可以说其大部分价值在创业者的头脑中，也就是说：

---

① 佚名.马云：不能在资本层面稀释掉对企业的操纵权[EB/OL].2014.http://www.asiafinance.cn/news/2011-12-14/asia0000051797.shtml.
② 佚名.马云讲创业的三个原则[EB/OL].2014.http://www.cn08.net/html/cyebd/200802/7083.html.

即使创业者在企业中的股份不多，但他们拥有许多实质上的控制权。①

对此，马云强调，阿里巴巴在融资过程中，坚持的原则是"不许任何人控股"。当然，在今天，我们来剖析马云"不许任何人控股"的创业忠告时，我们不难发现，这其实与马云曾经的经历有关。

按照马云当初的设想，中国黄页最终的目标是打造成"中国的雅虎"。由于马云只占30%的股份，其话语权不足，从而导致中国黄页处处受到杭州电信的牵制。杭州电信的主要目的却是赢利。双方经营理念的不同直接导致了决策上的巨大分歧，马云提出的种种计划都在杭州电信的无视下化为泡影。或许马云就是在那个时候看透了资本控制企业的弊端，所以，在创办阿里巴巴时，他一再强调不许任何人控制阿里巴巴，他自己不控股，也不许别人控股。②

对此，马云告诫创业者说："几乎所有民营企业吃过一次亏就是想方设法去控股。我没有控股董事会。我成立阿里巴巴的时候，就跟董事会投资者讲，阿里巴巴的董事会是一个工作的董事会，不是分享权力的董事会。CEO要凭自己的智慧、勇气、胆略去领导这个公司。"

■ 外资不会控制阿里，自己会掌控阿里的未来

> 我坚信不疑的事情是：资本只能是赚取利益，资本家永远是舅舅，你是这个企业的父母，你要掌握这个企业的未来。
>
> ——阿里巴巴创始人 马云

在2010年10月，有关阿里巴巴控制权的问题再次引发媒体的广泛关注。

---

① 佚名.马云：不能在资本层面稀释掉对企业的操纵权[EB/OL].2014.http://www.asiafinance.cn/news/2011-12-14/asia0000051797.shtml.

② 余在杭.芝麻开门:马云和阿里巴巴的成功之道[M].北京：中国时代经济出版社，2007.

根据阿里巴巴与雅虎的协议，2010年10月，雅虎将拥有阿里第一大股票权及与马云等管理层相当的董事席位。媒体由此分析认为，马云等有可能失去对于阿里巴巴的控制权。[①]

在中国计算机大会上，马云对此问题进行了解释，马云称，尽管外资是阿里巴巴的控资大股东，但是外资不会控制阿里巴巴，他们自己会掌控阿里的未来。在该大会上，马云的讲话摘录如下[②]：

我要感恩。没有资本，可能阿里巴巴发展不会那么顺利，但是没有这个人的资本，还有他或他的资本。但是（如果）没有我们的价值体系，没有员工的点点滴滴，没有对未来的把握和社会的感恩，就不可能有我们的阿里巴巴。我们不会放弃原则，但是做任何事，必须是合法、合理、合规，还有合情。

我坚信不疑的事情是：资本只能是赚取利益，资本家永远是舅舅，你是这个企业的父母，你要掌握这个企业的未来。股东永远是第三位，他（指资本）永远是舅舅，买奶粉的钱不够就借一点。

（当初）初创阿里巴巴时，曾经至少拒绝了30家VC投资，原因是他们要求控制阿里巴巴。

（另外）影响我的一定是消费者的需求，这是第一个；第二个影响我的一定是我的团队，我的同事告诉我这个东西错了，我会很认真地停下来听；股东说（做）错了，你说得清楚一点，我再听听，最后是我自己决定。

在此次大会的演讲中，马云的观点非常明确——只有马云及其管理团队对阿里巴巴的控制权，即使放弃香港上市也是如此。

在阿里巴巴融资中，马云及其团队始终坚持"外资不会控制阿里，自己会掌控阿里的未来"的原则。在2000年1月，为了让阿里巴巴更好地、更快地发展，融资问题已经迫在眉睫。

于是，作为创始人的马云，带着最得力的创业伙伴、财务总监蔡崇信与软银谈判引进战略投资，经过艰苦的谈判，投资事宜终于尘埃落定，甚至还

[①]马云: 资本永远是舅舅自己掌握阿里未来[J].中国企业家，2010（10）.
[②]马云: 资本永远是舅舅自己掌握阿里未来[J].中国企业家，2010（10）.

超出了马云的意料，孙正义答应软银向阿里巴巴提供3000万美元的投资。

在这次引进战略投资谈判中，作为财务总监的蔡崇信连续三次拒绝了孙正义。据蔡崇信后来回忆说："对孙正义说'不'是需要勇气的，他是一个几乎让人无法拒绝的人，当时在互联网界他投资雅虎的故事已经让人听得耳朵都起茧了。可能因为我们当时资金还是比较充实的，我对他说了三次'不'。"

在此刻，马云与财务总监蔡崇信在引进战略投资中旗开得胜，马到成功。当马云和蔡崇信凯旋返回阿里巴巴总部，在董事会上宣布了谈判结果——软银向阿里巴巴提供3000万美元的投资时，董事会上却掀起轩然大波。

尽管这一注资是一件大好的事情。然而，董事们却一致认为，软银向阿里巴巴提供3000万美元的投资结果会导致股东结构不平衡，一旦将来再融资时，就会出现重大问题。

在经过深思熟虑之后，马云向孙正义的助手坦言，阿里巴巴只需软银提供2000万美元的投资。

马云说："我们只需要足够的钱，太多的钱会坏了事。是的，我是在赌博，但我只赌自己有把握的事。尽管我以前领导的团队不超过60人，掌握的钱最多200万美金，但2000万美金我管得了，太多的钱就失去了价值，对企业是不利的，所以我不得不反悔。"

马云的做法让诸多创业者无法理解，特别是马云义无反顾地坚持只需软银提供2000万美元的投资，而把谈判中的另外1000万美元给返还了。

这在很多创业者看来，是一件只有傻子才做的事情，而却振振有词地说："钱多了未必是好事，因为你不一定懂得如何花这些钱，放在银行睡大觉还不如不要。再说我也没管过那么多钱，一下子给了我们几千万美元，怎么管得了？"

究其原因，马云坚持只需软银提供2000万美元的投资的主要目的，还是坚持"外资不会控制阿里，自己会掌控阿里的未来"的原则罢了。

在马云看来，融资也是为了更好地让阿里巴巴高速发展，而不是卖掉阿里巴巴。这在阿里巴巴的历次融资谈判上可以看到，当每次融资时，一旦涉及股份问题，马云的态度都非常坚持，而且也很明确。马云坚持的原则就是——外资不会控制阿里，自己会掌控阿里的未来。

马云这种自始至终坚持的"以我为主"融资之道，才是经过数次融资，马云控制阿里巴巴的方向权没有旁落外资的一个真正原因。马云深知，融资全世界多得很，而阿里巴巴唯独只有一个。马云以我为主具体体现在两个大原则上，见表7：

表7 马云"以我为主"融资之道的两大原则

(1)决不出让控股权	在阿里巴巴的融资中，无论是高盛，还是软银，其注入的风投资金都不能超过49%的阿里巴巴股权，而阿里巴巴的控股权必须永远牢牢掌握在阿里巴巴团队手中。事实上，阿里巴巴在创业融资过程中，其融资都是非常成功的，上亿元的融资就曾经有过三次。而引入的最大的融资高达10亿美元(除去上市直接融资)。但无论软银还是雅虎，谁都没有拿到控股权。
(2)主动挑选	在历次阿里巴巴的融资中，马云都坚持"主动挑选"的原则，即使是在阿里巴巴最艰难揭不开锅时，马云同样坚持"主动挑选"原则。在阿里巴巴发展过程中，要融多少资，要引入什么样的战略投资者，接受什么样的条件，都必须建立在阿里巴巴利益为主、以阿里巴巴的长远战略为依据的基础之上。

MA YUN
BUSHI TELI

第八部分

竞争仅仅是一场游戏

竞争乐趣就像下棋一样，你输了，我们再来过，两个棋手不能打架。

——阿里巴巴创始人　马云

第一章 ONE

拿望远镜也找不到对手

> 真正做企业是没有仇人的，心中无敌，天下无敌。
> ——阿里巴巴创始人 马云

■ 竞争的最高境界是"心中无敌"

> 现在，阿里巴巴拿着望远镜都找不到对手。
> ——阿里巴巴创始人 马云

反观马云的创业之路，读者就不难发现，马云的创业路也并非一帆风顺的。在创建阿里巴巴之前，马云同大多数创业者一样，也遭遇数次创业挫折。

尽管创立初期，经营屡屡碰壁，但是阿里巴巴在马云"做中国最好的企业"梦想下，稳步发展，特别是随着中国电子商务的迅猛发展，如今的阿里巴巴已经拥有成千上万的中小企业会员，从2002年互联网最低谷时期盈利1元钱，到后来每天营业额100万元，再到每天利润100万元，现在阿里巴巴已经实现每天缴税100万元，阿里巴巴的成长速度非常惊人。

阿里巴巴的高速发展必然要与对手展开竞争。在2004年"CCTV年度十大经济人物"颁奖典礼上，当主持人要求企业家马云发表获奖感言时，马云却放出豪言壮语："现在，阿里巴巴拿着望远镜都找不到对手。"

正是那句日后被奉为经典的名言，"狂人马云"的形象开始渐入人心。[1]

---

[1]李问渠.马云商道真经[M].北京：新世界出版社，2009.

可能创业者会问，面对激烈的市场竞争，马云凭什么敢说"阿里巴巴拿着望远镜都找不到对手"这样的豪言壮语呢，难道阿里巴巴真的就没有竞争对手了，还是马云故弄玄虚呢？

其实，答案都不是。马云解释说："并不是阿里巴巴有多么了不起，也不是马云有多了不起，很长时间以来，很多人都不看好我，不相信B2B模式能赚钱，可我们一直看好这个行业，始终没有改变。2002年，网络经济泡沫破裂，许多做B2B贸易的网站一个个相继倒下，最后只剩下阿里巴巴。无论是互联网的冬天也好，泡沫期也好，我们都始终坚定地一路走来。有些人是晚上想试多条路，早上起来走原路，注定成功不了。"

在马云看来，竞争的最高境界是"心中无敌"。为此，马云为此继续解释道："每一个人都很平凡，我马云也没什么了不起，这几年被媒体到处吹捧，其实自己很难为情。我一点也不聪明，也没有先见之明，只是一步一步走来，刚开始创业时被4家公司骗得晕头转向，但是那些骗人的公司今天都已经不复存在。"

马云的竞争观是很有前瞻性的。在2002年，网络经济泡沫破灭，整个互联网陷入最为困难的阶段。在此刻，大多数的企业都开始全面收缩业务。

马云并没有那么样做，既没有关闭阿里巴巴在美国、欧洲的办事处，反而以此为契机继续四处参展，开拓新的市场。

正是因为马云坚持"拿望远镜也找不到对手"原则，给阿里巴巴在海外培养了大批有实力的买家，为进出口贸易打下了基础。

■ 竞争让对手心情变得糟糕

> 要让你的竞争对手恼火，要让他们暴跳如雷，这就是你们应该掌握的技巧。而不是让自己暴跳如雷，经商原本就是很有趣的。
>
> ——阿里巴巴创始人　马云

2009年11月16日,在新加坡举行的APEC中小企业峰会上,马云谈及了对竞争对手的看法。

马云说:"竞争对手所做的每一项决策,都能使我们获得成长。竞争对手还是企业最好的实验室,因为竞争对手会研究你。而你也会从他们所提出的任何创新点子中吸取经验。"

在马云看来,向竞争对手学习也是为阿里巴巴了解对手的一个重要途径。马云毫不隐讳地说:"在中国,人们总说,马云你太疯狂了。四年前,我用望远镜来寻找竞争对手,但始终看不到对手。人们还会说,你怎么能如此狂妄?我就告诉他们,我是在寻找榜样。那么为什么我要这样不断地寻找竞争对手呢?因为竞争对手无所不在。"

竞争是商业活动中的一部分,而对于马云来说,企业经营活动中最有趣的部分就是与对手竞争,而且还要通过某些策略让竞争对手恼火,要让他们暴跳如雷。

马云说:"要让你的竞争对手恼火,要让他们暴跳如雷,这就是你们应该掌握的技巧。而不是让自己暴跳如雷,经商原本就是很有趣的。"

在马云看来,"如果我在与别人竞争时,被气得发疯,那就意味着,我犯错了,我采用了错误的策略来应对竞争对手。"

马云认为,"在竞争中,不要刻意去惹怒竞争者,但如果他们生气了,而且坐立不安,如果他们开始用钱来应付问题,那么这些就是信号,表示你要赢了。当竞争对手开始用钱来与你竞争时,也就表示他们要输了。"

马云在中央电视台经济频道《对话》栏目中就指出,作为经营者,在与竞争对手较量的过程中,只有让对方方寸大乱,才有机会赢。以下为节目实录[①]:

主持人:欢迎马云,欢迎。我记得上一次你在《对话》现场说过自己挺喜欢金庸小说,喜欢风清扬,如果一个人一旦成为武林高手,围绕在他周边的人就会很多,这些人你可以分成两类,一类是朋友,一类是敌人。你努力打造这样的基础,未必每个人领情。刘强东抱怨支付宝太贵了,每年要支付

[①] 马云对话央视:竞争就要让对手的心情变糟[EB/OL].2014.http://www.ebrun.com/20130304/68750.shtml.

支付宝的费率，要多支付500万到600万，京东对支付宝还没到离开不行的地步，因为目前在线支付，在京东商城的用户，支付所占的比例并不高，只有10%，即使停掉，影响也不大。他还真不是说说而已，还真的给停了。就在去年的5月份，他就停掉了支付宝，我觉得可能你希望它是生态链当中一员，但是从这样的举动当中我们外人判断他好像把你当成对手。

马云：天下把我当对手的人多了去了，他觉得贵了，他觉得不合适，他离开，你离开了自己建，挺好，只要他觉得比我建的更好，他觉得效率更高，当然得支持他，至于到底是不是这么贵，是不是费用更好，他心里应该更清楚。你应该问他到底是贵在哪里，对吧，这个对手啊，我是这么觉得。其实一个公司最有乐趣的时候是你的客户成长，第二你的对手也变聪明了，也在成长。你最怕蛮打的，一个拳师碰上一个蛮师，你也就不知道该怎么办了，对吧，一个拳师碰到另外一个顶尖高手的时候，大家才能互相成长，所以其实在对手过程中，我觉得你要欣赏地看对手。我觉得以前吧，我刚创业的时候跟大家也一样，觉得对手，反正对手干的都是坏事，他干的一定是针对我来的，你这个东西肯定是针对我来的。我今天跟以前有了差异，不是因为我们的企业做到了这个规模，而是四五年以前我们想明白一个道理，要欣赏的眼光看对手。你看这个东西不错，得学习，他那么生气，输了，就是你跟对手竞争的过程，最主要就是让对手心情变糟糕。

主持人：乱了方寸。

马云：这才是下棋的时候，两个高手之间下棋的时候，对方方寸一乱你才有可能赢。

李成东（独立电子商务分析师）：去年的"六·一八"，就因为阿里巴巴出五千万发那个费用，开始是四千万，但是到了"双十一"当天追加了一千万，我们看得很明显是针对京东"六·一八"的一个促销活动，这是第一个。第二个事情，我们到"双十一"，这是淘宝的大节日，但是里面发生一个事情大家非常关注，就是二选一的问题，不管是谁要求，我不知道，就是我不知道，2013年会不会还有这种情况？

马云：讲理想是很重要的，我们还没有到疯的状况。您讲的"六·一八"和"双十一"，我是在后来网上看见的，我心里觉得我挺欣赏他们这么干，一个企业要竞争，不给对方施加点压力他不会成长，你也不会成长，假如他度过这"六·一八",那他才厉害,我们也是在别人的刀架之下杀出来的,从来没人给我们一点点特殊的好处。你比如说是百度给我好日子,还是腾讯给我好日子,他们都尽力了,企业是要面临竞争的。

在《对话》栏目中,马云直言说:"最主要就是让对手心情变糟糕。"对于这样的竞争策略,马云以京东商城与支付宝决裂一事为案例,尽管马云并未明确表示不赞同刘强东的做法,但是却在一定程度上认同刘强东。

马云客观地分析称,京东商城停掉支付宝,只要对方觉得自建第三方支付更好更有效率,便予以支持。

马云说:"至于到底是不是这么贵,是不是费用更好,他心里应该更清楚。你应该问他到底是贵在哪里。"

在马云看来,竞争不仅是战胜对手那么简单,而是要让竞争充满乐趣——"一是在于客户成长,二是竞争对手变聪明。"

马云告诫创业者称,在创业初期,创业者往往会认为竞争对手所做的一切都是坏事,都是针对自己。

其实,这样的想法是有失偏颇的。为此,马云建议创业者说,要用赞赏的眼光去看待对手,看到对手好的地方要学习。

马云说:"你最怕蛮打的,一个拳师碰上一个蛮师,你也就不知道该怎么办了,对吧,一个拳师碰到另外一个顶尖高手的时候,大家才能互相成长。"

在马云看来,学习竞争对手也是更好地战胜对手的一个好方法。不过,马云认为,在与对手竞争的过程中,赢得对手最好的招数,其中最重要的一条就是让对手心情变得非常糟糕。正如"两个高手之间下棋的时候,对方方寸一乱你才有可能赢"。

面对阿里巴巴在2012年"六·一八"和"双十一"期间,出资打压京东商城的这个问题。马云在公开场合回应道,企业与企业之间要竞争,不给对方施加压力,双方都不会成长。

TWO 第二章

消灭竞争对手未必会赢

> 消灭竞争对手未必会赢,想打败竞争对手的话,这个公司就变成职业杀手,对手可能在你走向成功和顺利的过程当中增加一些麻烦,但不是关键,关键的是怎么帮助你的客户成长起来。
>
> ——阿里巴巴创始人 马云

■ 挑战别人的人基本上不太久,终有一天倒下

> 在座企业家我们问自己问题,你成功是因为你挑战了别人吗?不是,而是你希望完善别人才有今天,挑战别人的人基本上不太久,终有一天倒下。
>
> ——阿里巴巴创始人 马云

不管是自认为是天下最好的剑客,还是自认为是天下最厉害的拳王,最终都倒在对手之下。为此,马云2002年在宁波会员见面会上的演讲说:

我在中央电视台《对话》栏目里面听到某位中国的知名企业家讲了一句话,他说:我这个企业很难管理,哪怕通用电气前任CEO杰克·韦尔奇在我这里管理,最多只能待三天。我觉得很不以为然:第一,杰克·韦尔奇不会只待三天;第二他来了一定会改变你的企业。

可怕的不是距离，而是不知道有距离。我在网站上也讲过这句话，我讲一个例子，我有一个朋友，是浙江省散打队的教练，他给我讲了一个故事：

武当山下面有一个小伙子非常厉害，他把所有的人都打败了。他认为自己天下无敌，于是就跑到了北京，找到北京散打集训队教练说："我要跟你的队员打一场。"

教练说："你不要打。"教练越不让他打他越要打。最后只好让他打，可是这个小伙子5分钟不到就被打了下来。

教练跟他说："小伙子你每天练两个小时，把每天练半个小时的人打败了。我这些队员每天练10个小时，你怎么可能跟他们打？而且我们的队员还没有真打。"所以，天外有天，人外有人。①

在商业竞争中，这样的道理也同样适用。在2013中国（深圳）IT领袖峰会上，作为百度公司创始人、董事长兼首席执行官CEO的李彦宏与腾讯控股创始人、董事会主席兼首席执行官马化腾针对目前非常热门的话题对马云发问。

马化腾的问题是，"前几天我们在参观马云很多业务，充分交流了很多。所以我可能也是希望观众来提问的。但是我知道还有这个环节，我就代他们提一个问题，其实我也交流过。现在听到你很多的想法，比如用互联网方式开始做金融，我也知道小微金融。现在很多银行也会很警觉，马云你讲的银行没有做好的事你来做，但是从挑战银行业这个角度来看，大家还是觉得胆子挺大的。至少不像我们，我们对运营商都很老实，从不敢说过分的话。你用什么底气说这些话？"

在这个问题中，作为即时通讯的大佬马化腾的问题就是，马云有什么底气来挑战银行业，进军金融，马云表示自己从来没有想挑战谁，而是希望去创造谁，别人看到阿里进军金融很紧张，这很正常，马云对马化腾表示，看到你的微信产品我也很紧张。②

针对此问题，马云客观地解答了这个问题，马云说：

---

① 马云.马云2002年在宁波会员见面会上的演讲.2002.

② 韩杨.马云对话马化腾：看到微信我也很紧张[EB/OL].2014.http://tech.ifeng.com/it/special/2013lingxiufenghui/content-3/detail_2013_03/31/23719366_0.shtml.

第一，我从没觉得要推翻一个金融行业，我觉得中国金融行业的存在到今天为止有特定需求，而且做了很大贡献，但是对未来的金融我觉得我们作为这一代的人不是我们有更大利益需求，而是必须有这个责任思考。

假如今天拥有这样的技术、这样的人才、这样的需求，无数的网商、无数中小企业今天想要钱，而拿不到钱，而我们有解决方案。而且我们这个方案又是贯彻了透明、开放、责任、分享我就坚持下去。

我不想挑战谁，阿里巴巴从来没有想过，13年来没有挑战过谁，而是创造谁。在座企业家我们问自己问题，你成功是因为你挑战了别人吗？不是，而是你希望完善别人才有今天，挑战别人的人基本上不太久，终有一天倒下。对我来讲，我的第一职责不是帮助金融机构，帮助金融机构、帮助穷人是政府的事。但是帮助客户是我的责任，帮助无数淘宝卖家，如果我能找到一个方法我就一定走下去。

当然今天银行有紧张，我觉得紧张是好事，不紧张才奇怪呢。就像我看见你微信我也很紧张。紧张是正常的，紧张促进社会进步，金融行业能够不紧张，我们的小微企业就很紧张，所以我觉得假如阿里巴巴集团能够让现有金融体系紧张一下，也是互联网企业对社会进步的重要贡献。这是我的看法。

在马云看来，对未来的金融必须满足更大的利益需求。马云也坦然承认，他自己不想去挑战谁，这主要取决于阿里巴巴的战略，因为从创建阿里巴巴到马云卸任CEO，在这段时间里阿里巴巴没有去挑战过谁，而是尽可能地去创造谁。

在马云的竞争意识中，阿里巴巴进军金融领域，让银行感到紧张的确是一件好事情，如果银行不紧张才觉得有些不正常。

■ 不要老是想打败竞争对手

> 我不喜欢关注竞争对手,我喜欢找榜样。在我看来,阿里巴巴有优秀的榜样,例如沃尔玛、微软、谷歌、IBM。今天的阿里巴巴跟以往的阿里巴巴一样,还是会把精力用在客户和榜样身上。
>
> ——阿里巴巴创始人　马云

马云坦言,一定要争得你死我活的商战是最愚蠢的。在创业的道路上,竞争跟纳税一样不可避免。为此,马云告诫创业者说:"创业者不怕竞争怕没诚信。"

在2010年7月8日,淘宝网宣布调整搜索排序,加大对卖家服务质量的重视程度。新规则推出后,陆续有部分淘宝卖家"攻击淘宝",并连续两次到淘宝网杭州总部聚众抗议。这些抗议的人群声称受到新规则的"不公正待遇",新规则直接导致其利益受损。[①]

面对部分淘宝卖家的抗议,在2010年9月5日晚,马云在阿里巴巴内网发出告全体阿里巴巴员工信,阐述自己对该事件的观点。在鼓励员工坚守原则、为使命而战的同时[②],马云也告诫创业者说:"商业就不该害怕竞争,害怕竞争就不该做商业。我们害怕的是不透明的竞争、不诚信的竞争、不公平的竞争。"

正如马云所云:"商业就不该害怕竞争,害怕竞争就不该做商业。"但是马云建议创业者说,作为创业者,在与对手竞争时,不要老是想打败竞争对手。

在2012年电商"双十一"光棍节促销大战正式开打前一天,作为时任阿里巴巴集团董事局主席的马云,在接受中央电视台记者采访时,就"双十一"促销抛出了狮羊论,认为以电子商务为代表的新经济模式已经成长为狮子,将"吃掉"传统商业生态系统。[③]

[①] 张绪旺.马云:创业者不怕竞争怕没诚信[N].北京商报,2010-09-08.
[②] 张绪旺.马云:创业者不怕竞争怕没诚信[N].北京商报,2010-09-08.
[③] 何峰.马云:不要老是想打败竞争对手[EB/OL].2014.http://www.iheima.com/archives/13473.html.

马云坦言:"天猫购物狂欢节将是中国经济转型的一个信号,也就是新经济、新的营销模式的大战对传统营销模式的大战,让所有制造业贸易商们知道,今天形势变了。对于传统行业来讲,这个大战可能已经展开。"

马云还强调,新的营销方式方法、新的商业流程、新的商业生态系统,对于传统商业生态系统将会开展一次革命性的颠覆。

马云说:"就像狮子吃掉森林里的羊,这是生态的规律,游戏已经开始,就像电话机、传真机会取代大批信件一样,这是必然趋势,(以电子商务为代表的)新经济模式已经有点狮子的味道。"

然而,作为阿里巴巴的船长,马云是在无视对手的存在吗?据搜狐IT报道,"双十一"光棍节促销最早由天猫在2009年发起,三年过后,从内到外,这一天都变得不同寻常。在阿里巴巴集团内部,对这一天的重视也上升到新的高度。阿里集团今年将这一天升级为"购物狂欢节",并突破天猫的范畴,在资源配备、支付稳定性、技术保障等方面都提升到阿里巴巴集团层面。同时,淘宝、天猫和聚划算三大事业群都加入进来。在外部,三年后,这一天已成为整个电商行业各企业的促销大战日,乃至混战日,京东、苏宁、易迅等电商企业都不甘落后。[①]

对于业界和媒体关注的,"是在无视对手,还是真的不看作是电商大战?"问题,马云的看法却耐人寻味。

马云说:"我们也不知道跟谁战,也没什么战的,我们很少把竞争当成自己的主业在干,消灭竞争对手未必会赢,老是想打败竞争对手的话,这个公司就变成职业杀手,关键的是怎么帮助你的客户成长起来。"

马云表示更愿意将1111购物狂欢节定位成感恩节。据搜狐IT报道,2011年11月11日,淘宝总支付宝交易额为52亿元,天猫总支付宝交易额为33.6亿元。有传闻称,天猫定下的2012年11月11日总支付宝交易额目标是50亿元以上。[②]

[①] 何峰.马云:不要老是想打败竞争对手[EB/OL].2014.http://www.iheima.com/archives/13473.html.
[②] 何峰.马云:不要老是想打败竞争对手[EB/OL].2014.http://www.iheima.com/archives/13473.html.

■ 竞争的时候不要带仇恨，带仇恨一定失败

> 不要抱怨竞争，竞争的时候不要带着仇恨，带着仇恨一定失败。更不要抱怨经济形势，伟大的企业都是在经济不好的时候诞生的。
>
> ——阿里巴巴创始人 马云

如前所述，商业竞争是不可避免的，但是要想在竞争中完胜，马云就告诫过创业者："竞争时不要带仇恨。"

马云的理由是："企业现在最多的是竞争，包括在我们这儿也有很多抱怨。阿里巴巴、淘宝建了两个市场，很多人杀价，很多人天天杀价，我出5000万元，他出4000万元，这是最愚蠢的商战，我教一个傻子也会干，这不是企业家。比价算什么英雄？"

马云坦言："竞争最高的境界是什么？竞争是一种乐趣，这是让对手很痛苦，你很快乐，如果你也痛苦，这是走错了，你痛苦他开心，你肯定走错了。竞争的乐趣，两个企业竞争，就像下棋一样，你输了，我们再来过，两个棋手不能打架，现在是很恨，你胜了，我弄死你，真正做企业是没有仇人的，心中无敌，无敌天下，你眼睛中全是敌人，外面全是敌人。什么是企业的生态作战，生态里面非洲的狮子吃羊不是因为恨羊，是因为我就是要吃羊，因为可以让我生存。你竞争的时候不要带仇恨，带仇恨一定失败。"

在很多场合下，马云告诫创业者说，"独孤求败做不得"。马云说："金庸小说里讲到有些高手是寂寞的，如独孤求败，以前看，我觉得不能理解。"

然而，登上神坛的马云却明白了不管是在武林中，还是在商业竞争中这种没有对手的痛苦。马云说："没有对手，就没有发展的动力，没有创新的源泉。所以，在B2B市场要培养对手，C2C市场要关注对手。"

在阿里巴巴的竞争战略中，马云就列举了"招财进宝"被迫退市这个案例。马云坦言，"招财进宝"被迫退市，就与竞争对手的暗地操作有很大关系。

马云说："他们这招用得蛮好，这就是竞争的味道。竞争是一种游戏，不是你死我活的事儿。发展自己时，可以顺便在对方肩膀上拍一下，关掉两个穴位，但不能眼睛只盯着对手。"

在马云看来，竞争最大的价值，不是战败对手，而是发展自己。马云说："竞争者是你的磨刀石，把你越磨越快，越磨越亮。"

无论"西湖论剑"还是"网商大会"，马云在广发英雄帖时，都给竞争对手奉上一张。马云相信："心中无敌，无敌天下。"

马云认为，作为创业者，千万别讨厌你的竞争者，因为"竞争对手是企业最好的实验室，因为竞争对手会研究你。而你也会从他们所提出的任何创新点子中汲取经验。但千万不要模仿，而是学习他们的优点。所以我喜欢竞争对手，而且我始终都以钦佩的目光来看待他们。"

第三章 THREE

阿里巴巴的竞争对手是自己是明天

要把时间花在客户身上，花在服务上，而不要花在竞争对手身上。这是一个创新型公司最重要的。只要你今天比昨天好，明天比今天好，你就永远冲在最前面。

——阿里巴巴创始人 马云

■ 竞争对手其实就是自己

> 我以前从来不谈竞争，到现在我还是一句话，最大的竞争者还是自己。如果阿里人不完善管理，不提高效率，不加强创业的精神，不把客户的利益放在第一位，那么，我觉得我们首先会输给自己。
>
> ——阿里巴巴创始人 马云

当阿里巴巴上市后，媒体记者采访马云："榜样和对手是谁呢？"

马云的回答是："我不喜欢关注竞争对手，我喜欢找榜样。在我看来，阿里巴巴有优秀的榜样，例如沃尔玛、微软、谷歌、IBM。今天的阿里巴巴跟以往的阿里巴巴一样，还是会把精力用在客户和榜样身上。只要是对整个中国电子商务市场建设及生态链的建设有帮助，我们一定全力以赴。"

在马云看来，之所以不愿意关注竞争者，是因为竞争对手其实就是自己。马云认为，在互联网这个新兴产业刚刚兴起时，对于任何企业而言，都是在摸索、试探和试错，没有固定模式和成功案先例可以借鉴。

不仅如此，互联网这个产业的变化过于迅猛。众多的创业者都在拼命向前冲。这时的马云没有计划，也不做计划，只是一味向前跑。如果停下来计划这计划那，机遇就错过了。计划做得越细致栽得越快。

在阿里巴巴初创时期，马云时刻用"没时间看对手"来指导阿里巴巴的竞争。于是马云带领"十八罗汉"夜以继日地疯狂工作。

后来，"十八罗汉"中的一个创业元老回忆当时的情形时说："现在回过头来看，1999年的那一段时间是阿里巴巴超越很多网站的最重要时段。马云对这个网站寄予了很大的希望，要求自然也就高。不过那个时候对我们来说是很痛苦的。我们约定半年时间内不见任何媒体。因为忙，同时也因为和家人朋友说不清自己正在做什么，所以我们基本上也不见他们。就这样处于半封闭状态做了半年。"

在马云带领下，后来阿里巴巴的巨大发展和所取得的伟大成就是有目共睹的。当《福布斯》杂志将"环球资源"、"美商网"和"波士顿"三大网站列为阿里巴巴的主要竞争对手时，马云很不以为然。[①]

用马云自己的话来解释就是："在前100米的冲刺中，谁都不是对手，因为跑的是3000米的长跑。你跑着跑着，跑了四五百米后才能拉开距离的。"

正如马云所言，"只要你今天比昨天好，明天比今天好，你就永远冲在最前面。"然而，当媒体记者采访马云时，总是被问到阿里巴巴的竞争对手是谁这个问题时，马云的回答却很自信，阿里巴巴的竞争对手是自己。

马云说："明天是我们的竞争对手。明天会有更新的东西出来。时间是我们的竞争对手，我们自己是我们的竞争对手。"

不可否认的是，阿里巴巴的高速发展正是源于马云正确的竞争理论——自己才是自己的竞争对手。在后来，但凡阿里人提出组建一个部门专门研究竞争对手时，马云当即否定了这样的建议。

马云说："发令枪一响，你是没时间看你的对手是怎么跑的，你只能一直往前冲。"大家都知道，在冲刺的时候研究对手，那是往后看的。"只有研究

[①] 李问渠.马云商道真经[M].北京：新世界出版社，2009.

明天、研究自己才是往前看。"

在草莽时代，作为选手的马云而言，同样也无暇研究对手，因为不知道阿里巴巴的对手是谁。马云形象地比喻说："发令枪一响，是没有时间看对手是怎么跑的，只能闭着眼睛往前冲。我永远在奔跑，从来不把自己同张三李四做比较。他们有他们的强项，我永远学不了王志东、张朝阳和王峻涛，但他们也学不了我。我把网络比作马拉松，上万人在跑，才跑了500米，旁边的人撞了你一下，你以为他是对手，跟他竞争，结果另外的人冲上去了；再跑10公里，太阳出来了，你也跑累了，那时还跟着你的人或者已经冲到你前面的人才是真正的对手。"

在马云看来，"天下武功，为快不破"。在商业竞争中，马云同样遵从这样的信条。马云说："阿里巴巴的竞争对手是自己，是时间，是明天。"

当然，作为创业者而言，敢于把明天和自己视为初创企业的竞争对手，这取决于创业者的智慧和经营能力。

很多创业者对于马云"阿里巴巴的竞争对手是自己，是时间，是明天"的这种说法或许会多有不解，因为明天是未知的，而自己又是"私人"的，为什么要把明天和自己当作竞争对手呢，这又有什么好竞争的呢？这或许就是马云的独特之处吧，他把自己和明天当作自己的竞争对手，他始终在挑战着明天，超越着自己……[1]

■ 竞争对手是最好的老师

> 明天是我们的竞争对手。明天会有更新的东西出来。时间是我们的竞争对手，我们自己是我们的竞争对手。
>
> ——阿里巴巴创始人 马云

---

[1]李问渠.马云商道真经[M].北京：新世界出版社，2009.

客观地讲，马云能笑到最后，也是马云看到了互联网行业的本质。要想赢得胜利，就必须与自己赛跑、与硅谷赛跑、与瞬息万变的互联网经济赛跑。

而当时的阿里巴巴，其创新的B2B模式已经领先竞争对手。可以肯定地说，对于当时的中国互联网界，甚至是世界互联网界来说，阿里巴巴B2B模式都是独占鳌头的。因此，在阿里巴巴刚创建的5年里，阿里巴巴主要还是自我竞争，与时间赛跑而已。

马云承认："互联网这两年发生的变化很剧烈，大家看到互联网三大门户站点起来，要高度关注，也要高度关注我们的竞争……如果阿里人不完善管理，不提高效率，不加强创业的精神，不把客户的利益放在第一位，那么，我觉得我们首先会输给自己。"

在2004年，雅虎和新浪两个公司联合成立"一拍网"时，尽管"一拍网"采取的同样是与淘宝网相同的策略——免费，但是马云回忆说，"一拍网"不会给阿里巴巴带来巨大的压力，马云却仍然坚信能给阿里巴巴带来压力的仍然是阿里巴巴自己。

在马云的意识中，外部公司不会对阿里巴巴构成真正的威胁，而真正威胁阿里巴巴公司生存与发展的仍然是来自于阿里巴巴内部。

在马云看来，在中国市场上，大概有50个，甚至更多的与阿里巴巴一样的公司，尽管有数十个，但是仅仅只有一个阿里巴巴。

不可否认的是，有数十个类似公司的存在，必然会导致C2C的竞争会更加激烈。不仅是与对手的竞争，还会有新的市场进入者参与竞争。

而马云却认为，竞争者越多，越对领先者更为有利。在阿里巴巴战略中，淘宝就会继续成为领导中国C2C市场的领跑者。

马云强调，竞争者其实是一个不错的磨刀石，只有向GE、微软这些世界商业巨人学习，才能领跑。马云说："中国互联网刚刚起步，开始起步的时候不要回头看，前100米他踢你一脚，并不在乎。最后五六圈下来他还在你身边，那就该注意了，但是不要恨他。学习让你眼光开阔，仇恨只会让你失败，如果你仇恨的话，你第一招已经失败了。"

马云还强调："在前100米的走步中，谁都不是对手，是因为跑的是3000米长跑。你跑着跑着，跑了四五百米后才能拉开距离。所以，我随心所欲地发展，真正的高科技，出手时总让人意外。再过两三年甚至更久，我自然会看看身边，若这哥们儿还在，就要小心一点。竞争者首先要选择一个跨行业的竞争。如果你在同行业内竞争，你可能越学越少。我们阿里巴巴向谁学，我们要学GE，为什么GE能走这么久，原来是价值观；我们学微软，为什么他们能够成功。就是因为跨行业所学的是不一样的，所以我不向互联网公司学习。"

马云坦言："很多互联网公司把我们当成竞争对手的时候，我在乐，因为我没有竞争对手。但是到了2003年之后，形势完全不一样了。首先在B2B领域，国内出现了一家实力雄厚的上市公司与阿里巴巴展开了竞争。其次阿里巴巴创建淘宝进入C2C领域时，与eBay易趣展开了激烈竞争。2005年，当阿里巴巴收购雅虎中国进入搜索领域时，又面对着两个强大对手Google和百度。

我也可以预感到未来3年，我们的竞争会非常残酷，无论是自觉也好，不自觉也好，我们惊动了全世界最强大的竞争对手。在电子商务领域里面，eBay今天还是全世界最强大的竞争对手，我们也碰上了世界上发展速度最快的Google公司，它也成了我们的竞争对手，国内各互联网公司，新浪、搜狐、网易、QQ也全部都把我们当成竞争对手。"

马云告诫创业者说，企业必须不惧怕竞争，甚至喜欢竞争并且善于竞争才能赢得竞争。马云说："我既要扔鞭炮，又要扔炸弹。扔鞭炮是为了吸引别人的注意，迷惑敌人，扔炸弹才是我真正的目的。不过，我可不会告诉你什么时候扔的是鞭炮，什么时候扔的是炸弹。游戏就是要虚虚实实，这样才开心。如果你在游戏中感到很痛苦，那说明你的玩法选错了。"

纵观马云的竞争策略不难看出，在马云的竞争中，其竞争最大的价值不仅仅是战胜对手那么简单，而最重要的是发展自己。马云也认为，在与竞争对手较量的过程中，要慎重选择好自己的竞争对手，然后清楚自己的优劣势，适时地向竞争对手学习其优势。

在马云看来，竞争对手是自己最好的老师。马云说："对手是最好的老师，我认为选择优秀的对手非常重要，但是不要选择流氓当对手……如果你选择一个优秀的对手，打着打着，打成流氓的时候你就赢了。所以当有人向你叫板的时候，你要首先判断他是不是一个流氓，如果是就放弃。但是，在我们这个领域里首先得自己选择对手，而不让对手选你。也就是说当他还没有觉得你是对手时，你就盯上他了。所以我觉得在我们这个行业里，我自己的心得体会就是自己去选择对手，不要让人家盯着你。所以这几年人家在跟着我们模仿，但是不知道我们究竟想做什么，我选择对手的时候首先是看他们要去干什么，然后我在那里等着。"

在马云看来，竞争永远充满乐趣。为此马云曾把竞争当成艺术，当做乐趣，当做游戏。这足以看出马玉在与对手竞争时所能达到的境界。

马云说："竞争永远充满乐趣。如果你觉得竞争是一种痛苦的折磨时，那你的策略一定错了，每个企业在竞争的过程中都不应该痛苦，竞争是一种给予。做企业是一种游戏，这个游戏是你跟公司的员工团结在一起的策略，但是不能做流氓。所以，我们在这方面要用一点智慧、用一点脑子。谁先生气，谁先输。

竞争的过程中，选择优秀的对手学习它，而不是模仿它。学习竞争者赢，模仿竞争者一定输。不要把无赖当对手，选择对手不一定在同一领域，你要学习这种企业的管理模式。竞争是一种快乐，竞争是一种游戏，竞争不是一个目的，创造财富才是你的目的，改变社会才是你的目的。生意人一切以钱为主，什么赚钱做什么。商人是有所为，有所不为。企业家是去改变社会，赚钱只是他的一个结果，不是他的目的。很多生意人就是把赚钱作为目的，结果怎么做也做不大。

企业之间都会有竞争，而且必须要有竞争，但竞争不是企业生存的主要目的。竞争是企业发展过程中必须经历的痛苦，有竞争说明有市场，所以阿里巴巴孤独了5年，现在有人跟你争，那么在这个竞争过程中必须有所收获。

当对手开始欺骗客户，开始夸大其词，开始侮辱对方人格的时候，优秀的对手永远不会有个人情绪。这就如同下棋，输了再来，但不能打人。所以你发现对手有不道德行为的时候，要以敞开的胸怀和眼光分析它的独特竞争力是什么，核心理念是什么，天下没有对手能够杀得了你，只有你自己杀自己。

竞争是一种策略，要有智慧地去竞争。我经常跟广东、浙江的企业探讨一些问题，竞争市场是不需要用钱去打的，用钱去竞争一点技术含量都没有。如果用钱就能竞争，那就不需要企业家了，竞争应该运用智慧。如果自己不想花钱，对方又有钱，怎么办呢？还不如由他花钱，思考怎么样让他把钱多花一点。"

在很多时候，马云强调，与对手竞争不是你死我活的事情。电子商务行业的成熟是多个互联网公司共同发展的结果，只有竞争才会有更快速的发展。

马云说："我希望到时候能看到一个百花齐放的景象。阿里巴巴为其他公司提供了经验、教训和资源，其他公司发展起来了，也会给阿里巴巴带来更多好处。可以说以后的C2C竞争会更加剧烈，也会更精彩，还会有新的市场进入者。市场竞争者越多，对领先者越有利，淘宝会继续成为中国C2C市场的领导者。"

马云说得没错：人最大的对手就是自己、就是明天。在《赢在中国》现场，马云这样告诫一位80年代的选手："80年代的人不要跟70年代、跟60年代的人竞争，而是要跟未来、跟90年代的人竞争，这样你才有赢的可能性。一开始功利心不能太强，这是我给80年代人的建议。"

MA YUN
BUSHI TELI

第九部分

善待员工

把钱存在银行里,不如把钱花在培养员工身上。把钱投在人身上是最赚的。

——阿里巴巴创始人　马云

第一章 ONE

善待员工，带来的回报远超过想象

> 善待你的员工，投资在你的员工身上，他们给你带来的回报远远超过你的想象。
> ——阿里巴巴创始人 马云

■ 最好的员工是自己培养、发掘出来的

> 最好的员工是自己培养、发掘出来的，我花了很多时间和资源培训我们自己的员工。现在，马云在这里与你们交谈的原因，是因为我汲取了经验教训：善待员工。
> ——阿里巴巴创始人 马云

21世纪人才最贵。然而，中国经济的高速发展，使得国内企业面临前所未有的"白领荒"。各大企业都意识到了高科技人才的重要性，随后企业间的"挖人"大战骤然升温。特别是在高科技领域，同行"挖人"已经成了企业老总们的一块心病，有很多大型企业的技术和管理员工都被挖走，让原来的企业损失惨重。[①]

[①] 周星潼.芝麻开门:成就阿里巴巴网络帝国的13个管理法则[M].武汉:华中师范大学出版社，2012.

面对这样的问题,马云发表了自己的看法。马云说:"最好的员工是自己培养、发掘出来的,我花了很多时间和资源培训我们自己的员工。现在,马云在这里与你们交谈的原因,是因为我汲取了经验教训:善待员工。中国与日本、美国等其他国家不同。中国比日本和美国更有创业精神,年轻人有很多机会。我希望像杰克·韦尔奇(原通用电气董事长兼CEO)所说的那样,其他公司20%或30%的CEO出自我们公司。"

反观阿里巴巴的用人策略,主要还是以自己培养、发掘为主,不提倡"挖人",在人才选拔上,阿里巴巴采取的是外部招聘与内部培养相结合的方式,其中内部培养是重点。在电子商务行业里,阿里巴巴已经走在了最前列,单纯依赖从其他公司大批量吸收成熟的人才,很难满足每年成倍增长的业务对人才的大量、高质的需求。阿里巴巴独特的文化氛围和价值观,外来人员也很难在短时间内充分理解。如果不能在价值观上达成一致,那么在长远业务上就很难形成统一的共识。因而阿里巴巴主要是以内部培养为主,包括"培养人"和"选拔人"两个方面。①

在培训方面,阿里巴巴根据员工的层级、职能,将学习细分为:阿里党校、阿里夜校、阿里课堂、阿里夜谈和组织部。另外,针对庞大的销售队伍,阿里巴巴还组建了专门的销售培训部门;而"送课下乡"项目则确保了培训学习资源能到达一线员工住的地方。针对关键岗位的人才,阿里巴巴还设有"接班人计划",针对不同岗位,制定胜任力模型,培养后备力量。②

在马云看来,如果为了人才就去"不忠、不孝、不义"的人,倒不如自己培养和发掘。马云说:"从竞争对手那边挖过来的人,如果让他说原来公司的机密,他就对原来的公司'不忠';如果不说,他就对现在的新公司'不孝';即使不让他说原来公司的机密,他在工作中也会无意识地用到,这样他就'不义'了。'挖人'不符合阿里巴巴的价值观,我们不希望'挖'过来的员工变成'不忠、不义、不孝'的人。"

---

① 马云商道真经:别把飞机引擎装在拖拉机上[N].解放日报,2008-09-09.
② 马云商道真经:别把飞机引擎装在拖拉机上[N].解放日报,2008-09-09.

■ 只要是人才,阿里巴巴都要

> 善待你的员工,投资在你的员工身上,他们给你带来的回报远远超过你的想象。什么是人才,人才可以培养出来。什么是养?就是给他失败的机会,给他成功的机会。你要看着,不能让他伤筋动骨,不能让他一辈子喘不过气来。
>
> ——阿里巴巴创始人 马云

马云坦言,阿里巴巴需要高科技人才,但是更看重员工的职业道德。一直以来,马云都不赞成"挖人"。一般来说,"挖人"的方式有两种,一是薪金、股权,二是优厚的待遇。如果为了追求优越的物质条件,不负责任,泄露企业机密,这样的人,阿里巴巴是不会用的。[①]

马云举了一个例子:"美国GE公司和德国西门子公司竞争很激烈。从GE出来的员工认为'我再烂,我也不去西门子';同样,西门子出来的人也是如此。这是因为从GE出来的人如果进了西门子,当西门子这边的人问起你在GE那边是怎么做的时候,你说了,对不起GE那些曾经和你一起拼搏的兄弟和老板;你不说,又对不起现在的新同事。所以,这些员工坚决不去竞争对手那里。我们一直强调的职业道德,就是这个。"

马云认为,只有令个体不断增值的企业,才是员工向往的发挥个人价值的好平台。马云说:"我也告诉大家,21世纪最贵的是人才,企业也一定一样。绝大多数的企业认为机器比人贵,很多人买机器的时候讨价还价。我们聘请员工的时候,我们没有想过给员工带来好的条件,你没有这样想的话在二十一世纪一定活不好。今天以人为本的时代,互联网时代,信息时代,数据时代,一定是人的创造力的时代。"

马云在"善待员工,带来的回报远超过想象"的演讲中就告诫创业者

---

① 周星潼.芝麻开门:成就阿里巴巴网络帝国的13个管理法则[M].武汉:华中师范大学出版社,2012.

说："善待你的员工"。以下是演讲内容①：

我又要讲一个我讲了很多年的故事，这个故事影响了我，影响了我们的企业。1989年以前，我第一次听到这个故事的时候，我回来问，我们如何能够做到这样？这个故事就是说，丰田是如何打败美国汽车的？大家有说战略重要，有说设计重要，但是有一个故事说明问题。在美国芝加哥，有一天晚上，下了大雨，有一个司机开了一辆车，雨刮器坏了，这个时候雨中来一个老人，这个人跑到车上把这个雨刮器修好。问他是谁？他说我是丰田公司的汽车工人，我看到我公司的产品受到伤害，我有责任把这个修好。制度上不会让你去看到坏车就修理，是文化，让他做到这一点，我希望大家，假如你拥有这样的员工的时候，你一定能够成功，而这样的员工是因为你有这样的心态对待你的员工，照顾好你的员工，你才有这样的文化和这样的员工。

我也告诉大家，21世纪最贵的是人才，企业也一定一样……今天以人为本的时代，互联网时代，信息时代，数据时代，一定是人的创造力的时代……你要看着，不能让他伤筋动骨，不能让他一辈子喘不过气来。

我感谢我自己的这个时代，感谢自己所受的训练和教育。有人说中国的体制，培养不出像史玉柱、马云这样的人，我恰好是中国造，中国体制出来的。你永远会找到一些借口，成功的人永远在找方向。去年有一个同事跟我说，我忙死了，事情太多，每天忙得晕头转向。好，给他再加两件工作。因为你不懂得优先级，你不懂得什么该做什么应该做，怎么授权于人，你不给他这样的训练，你不会成功的。要有一种好的方法去训练他们，培养他们，给他们机会。

也有人说，公司最大的快乐是什么？有一个企业的人跟我交流说，十年以前，我一年能够赚几十万，一年我能赚几千万，公司越大我越没有幸福感，我觉得我现在越来越幸福，我的幸福感来自哪里？来自十年以前，我看到这个小伙子，小姑娘，他们进入我们公司，今天居然变得这么能干，这么能够面对现实，他们的成长才是我的幸福感来源，你会发现有了他们，阿里巴巴会更好，有了马云，阿里巴巴会走下坡路，因为我的年龄到了。

每年，我跟我的各部门领导者，都要问自己这个问题，你聘请了谁？你

---

①马云.马云：善待员工，带来的回报远超过想象[J].中国企业家，2010（12）.

开除了谁？你提拔了谁，警告了谁？这四个事情你做没做？你没有做你一定不是好领导，你不懂得如何培训别人，公司里面要有各种各样的人，这才是丰富多彩的。企业就是一个生态链，企业就是一个野生动物园，我很高兴我们公司像野生动物园，各种各样人都有，在各种人当中你怎么去发现他们，用欣赏的眼光看待他们。你听见一个人，你问领导者，你下面人怎么样？他说，这个下面的人都是混蛋，不是我招的，我说他们是混蛋，我希望你把他们培养得不混蛋，第二年如果他们更混蛋，一定是你不对，你更混蛋。我们要问这个问题，你们为谁做了什么？

  在多个场合，马云强调，只要是人才我们都要。马云说："只要是人才我们都要。我们2004年在广告上没有花钱，但在培训上花了几百万元，我们觉得这将会给公司带来最大的回报。"

  马云的观点证明了人才的重要性。马云继续说："阿里巴巴现在有了120万会员，而且连续两次被哈佛评为'全球最佳案例'，连续两次被《福布斯》评为'最佳B2B网站'。在网络电子商务领域，我们会员数跃居全世界第一位。没有我们优秀的员工，根本没法做到（这些）。"[①]

  另外，从阿里巴巴的招聘时间上可以看到，阿里巴巴2005年的招聘时间却落后于谷歌和百度，但马云并不认为阿里巴巴的招聘时间过于晚。马云说："学生肯定会多走走多瞧瞧，货比三家后才确定自己的去向。条件比较好的毕业生敲定工作一般在次年的3到4月份。"

---

① 李问渠.马云商道真经[M].北京：新世界出版社，2009.

第二章 员工是公司最好的财富

招有潜力的员工,在他们身上花时间,训练他们改变自己,训练他们提升自己,训练他们超越自己永远是你老板的责任,也是最值得和正确的投资。公司的第一产品一定是你的员工,其次才是其他。

——阿里巴巴创始人 马云

■ 公司的第一产品一定是员工

> Judge 一个人,一个公司是不是优秀,不要看他是不是 Harvard,是不是 Stanford。不要 Judge 里面有多少名牌大学毕业生,而要 Judge 这帮人干活是不是发疯一样干,看他每天下班是不是笑眯眯回家。
>
> ——阿里巴巴创始人 马云

在很多公开场合下,马云告诫创业者说:"多花点时间在你的员工身上。"在马云看来,只有阿里巴巴的员工开心了,那么阿里巴巴的客户才会开心。

马云强调,"Judge 一个人,一个公司是不是优秀,不要看他是不是 Harvard,是不是 Stanford。不要 Judge 里面有多少名牌大学毕业生,而要 Judge 这帮人干活是不是发疯一样干,看他每天下班是不是笑眯眯回家。"

马云强调,"我们认为与其把钱存在银行,不如把钱投在员工身上,我们坚信员工不成长,企业是不会成长的。"

研究发现,不管是在中国大陆地区,还是中国台湾地区,但凡提及互联网风云人物,马云都是一个值得大书特书的人,如果把马云落下,那么互联网风云人物就显然不够全面。

如前所述,31岁的马云在教师的岗位上退了下来,开始书写自己的创业人生。然而,马云的第一次创业却显得非常艰难。

在经历过无数次的创业失败之后,马云的坚持获得回报。41岁的马云却以30亿美元的身价傲居"2005胡润IT财富榜"第四名。

此刻,马云1999年创办的阿里巴巴网站成为全球最大电子商务网站。马云的成功被看成是一个传奇,他有很多经典名言被大家津津乐道,如在中央电视台财经频道《赢在中国》第一赛季晋级篇第一场中,马云告诫创业选手吴志祥说:"1号呢(吴志祥),我挺为你感到骄傲。多花点时间在你的其他员工身上,不仅仅是在4个人上,可能最后成功的是更多的,是40个、400个、4000个员工,而不是你们4个,多花点时间在他们身上。"

事实证明,阿里巴巴网站成为全球最大电子商务网站离不开马云"公司的第一产品一定是员工。"的用人理念。可以说,这一理念是马云10多年创业的用人经验和心得。

2014年2月14日,马云撰文指出,"公司的第一产品一定是员工,其次才是其他。"马云认为,阿里巴巴的成长和发展靠人才,但绝对不能靠"挖"来的人才,招有潜力的员工才是最值得和正确的投资。以下为马云撰写的全文:

公司请人和留人是很大的学问。很多公司的优秀员工经常会被竞争对手"挖"走。公司的成长和发展靠人才,但绝对不能靠"挖"来的人才。

其实"被挖"的员工在新公司里往往是很为难的,因为如果你在新公司里拼命努力打击老公司,那是"不义",因为那样你对不起培养你的老东家。如果你不努力工作对付老东家,你是"不忠",因为新东家把你请来就是希望打败你原来的企业。所以,很多跳槽的员工基本会面临那样的纠结。所以直接从竞争对手那里来的员工最好让他从事不和老东家直接竞争的产品为好。

经常靠挖对手员工来当骨干的公司还容易让你自己公司原来的员工沮丧和气馁。高薪挖来的员工总是被赋予巨大的期望值，他们也容易为了迅速证明自己的价值而操之过急，更是容易导致原先团队的不配合。

今天的企业已经很难避免员工互相交错跳槽了，但企业发展的正道一定是要努力培养你企业自己的人才梯队。培养人才很累，很难，而且花时间很多，但任何迅速起来的东西也容易迅速衰退。反之，脚踏实地慢慢发展起来的企业，倒下去也是慢慢地倒。

招有潜力的员工，在他们身上花时间，训练他们改变自己，训练他们提升自己，训练他们超越自己永远是你老板的责任，也是最值得和正确的投资。

公司的第一产品一定是你的员工，其次才是其他。

在马云看来，只有把员工作为一个重要的力量，才能支撑企业的生存和发展，只有把员工作为企业发展、创造财富的直接动力，企业才能做强做大。

当然，马云提出"公司的第一产品一定是员工"这样的用人理念，主要是马云站在员工的立场上思考问题，也因此能够使员工有认同感和归属感。因为他知道只有设身处地为员工的基本需求和难处着想，员工才会热爱企业并努力工作。企业文化只有以人性为本，员工的积极性与创造力才会被激发出来，从而与领导者形成良性互动，推动企业向前发展。①

在贯彻"公司的第一产品一定是员工"这样的用人理念，及其对员工诉求的充分理解方面，马云总是能够真正地做到"公司的第一产品一定是员工"。比如，尽管有些员工工作拖沓，但是当这些员工要求增加工资这样一系列的问题时，马云强调，出现这样的问题，其问题不在员工，而是在于老板。

又如：在中国春节即将到来之时，马云都要发给员工一封信，这已成为了马云的习惯。信的开头总是这样写道："各位阿里人"，而信的末尾也总不忘了附上一句"替我向阿里家属亲人们问好！"不管这信中内容是什么，你都能从这封信中感受到马云是在用心去说，能够感受到他的那份真诚，每位阿

---

① 佚名. 马云：员工第一[EB/OL].2014.http://finance.sina.com.cn/leadership/mroll/20101104/15418900777.shtml.

里人好像都是他的家人或朋友。①

马云认为，如果老板不重视和珍惜员工，那么员工自然就不会去珍惜产品。在一些场合下，马云告诫创业者说："我们永远要明白，你的价值和产品不是你创造出来的，是你的员工创造出来的，你要让员工感受到——我不是机器，我是一个活生生的人。如果员工基本的生活保障都得不到满足，他在这儿工作没有得到荣耀，没有成就感，没有很好的收入，要他为你而骄傲，不可能！所以我觉得问题在老板身上，你真心服务好员工，员工就会真心服务好客户。"

员工意见比股东意见更重要

> 股东会给你很多意见，但是在执行过程中，他们却会离你而去。股东随时都在改变主意，但是你的员工却总是和你站在一起支持你。
> ——阿里巴巴创始人　马云

在马云的意识中，员工比股东更重要。尽管马云非常重视人才，也重视培养和发掘人才，甚至还认为21世纪最重要的也是人才，但是马云却在引进人才时，从来不给面试者过多的许诺。

马云深知，在阿里巴巴工作的必须都是有梦想的人，因为只有把工作当作一种深造和学习来对待，才是创业型企业所应该具备的素质。

马云说："对阿里巴巴来讲，期权、钱都无法和人才相比。员工是公司最好的财富，有共同价值观和企业文化的员工是最大的财富，今天银行利息是2个百分点，如果把这个钱投在员工身上，让他们得到培训，那么员工创造的

---

①佚名.马云：员工第一[EB/OL].2014.http://finance.sina.com.cn/leadership/mroll/20101104/15418900777.shtml.

财富远远不止2个百分点。"

在马云看来，如果把这个钱投在员工身上，让他们得到培训，那么员工创造的财富远远不止2个百分点。

然而，在很多企业中，往往忘记普通的员工。对此，马云在很多场合下告诫创业者，一些企业经营者都认为专家非常重要，中层管理人才也非常重要，但是对企业发展而言，普通员工对企业来说更重要。

马云举例说："我们家保姆，我给她1200元，杭州市场价800元。她做得很开心，因为她觉得得到了尊重。而那些高层他们月薪四五万元，即使你给他加一万元、两万元，他也不会感到什么。但是你对广大员工增加一些，那么士气会大增。"

这个案例足以说明马云重视人才的程度。马云告诫创业者说："其实我们经历了很多，到今天为止我们招人还是很艰难。最艰难的是在2001年，互联网进入冬天的时候，我们第一没有品牌，第二可以用的资金非常少，整个市场形势不是非常好，大家听到互联网转身就跑。当时很多人进来，也有很多人出去，我记得有一位年轻人，刚刚进入公司我跟他说希望最艰难的时候坚持下来不放弃，这个年轻人说我记住，5年之内我是绝对不会走，这5年来他们一起来的人都走掉了，当他快坚持不住的时候我就跟他说我记得你当时讲的话。现在他坚持下来，无论他的做事风格还是他的财富都已经非常成功了。"

马云在"员工意见比股东意见更重要"的演讲中，就告诫创业者必须依赖并关心员工。纵观阿里巴巴的发展史，阿里巴巴公司自创业之日起到今天，最初的18个创业者一个都没有离开。这简直是一个奇迹。员工忠心耿耿到了"别的公司出3倍薪水，他们也不动心"的地步。[1]

众多媒体采访马云问及其中的奥秘，马云说："在阿里巴巴工作3年就等于上了3年研究生，他将要带走的是脑袋而不是口袋。"

---

[1] 李问渠.马云商道真经[M].北京：新世界出版社，2009.

MA YUN
BUSHI TELI

第十部分
正视社会关系

我没有关系，也没有钱，我是一点点起来，我相信关系特别不可靠，做生意不能凭关系，做生意不能凭小聪明，做生意最重要的是你明白客户需要什么，实实在在创造价值，坚持下去。这世界最不可靠的东西就是关系。

　　　　——阿里巴巴创始人　马云

第一章 ONE

创业不能仅凭关系

　　创业的时候,我建议大家要做自己最容易做好,最喜欢最容易做的事情,别挑一个特别大,企业永远做一个该做的事情,别去跨到政府该做的事情,那会很累。

——阿里巴巴创始人　马云

■ 世界上最不可靠的东西就是关系

> 以前,我把总部放在上海,在淮海路租了一个很大的办公室,装扮得漂漂亮亮的,觉得有可能利用一些关系来发展阿里巴巴,结果一年以内特别累心,招人招不到。他们说阿里巴巴是哪儿的公司?几乎没有人理我们。最后,我们决定从上海撤离,先是选定了北京,最后觉得还是回杭州好。
>
> ——阿里巴巴创始人　马云

　　在很多时候,一些创业者认为,拉关系比经营更重要。其实,在马云看来,这样的观点是有失偏颇的。

　　马云在中央电视台《赢在中国》栏目时这样评点创业选手说:"我没有关系,也没有钱,我是一点点起来,我相信关系特别不可靠,做生意不能凭关系,做生意不能凭小聪明,做生意最重要的是你明白客户需要什么,实实在在创造价值，坚持下去。这世界最不可靠的东西就是关系。"

马云的观点非常有代表性。毕竟中国经过30多年的改革开放，市场也日趋饱和和成熟，法制也日趋健全和完善。

如果创业者还是按照僵化的思维去创业和经营，那么这样的创业者无疑是先烈。马云在多个场合提醒创业者，在20世纪80年代的中国，创业靠勇气就可以成功；20世纪90年代的中国，创业靠关系就可以成功；而21世纪初叶的中国，创业必须靠知识能力才能成功。

不可否认的是，在中国的某些地方，在某种程度上，在某个时段，关系可以促进创业者成功创业的。但是，一旦创业者把关系作为一个重要的战略来抓，甚至达到过分迷恋关系的程度，那么创业者的创业失败也就在情理之中，因为关系不是初创企业的核心竞争力，而建立在空中楼阁式的关系也可能随时会不存在。

这样的观点得到了新东方创始人俞敏洪的认可。在2008年4月6日，新东方创始人俞敏洪在创业英雄会上的演讲时就提醒创业者："不要抱怨这个社会是要靠关系的，不要抱怨这个社会不公平，既然有这么多不公平的，我和马云又是怎么走出来的呢？"

不管是马云，还是俞敏洪，他们创业成功，都靠着自己的正确市场判断，敏锐的洞察力并非关系。

■ 获得政府的支持不是创业者的终点

> 我想，上海有今天，是因为有很多不会讲上海话的人融进这个城市，帮助这个城市的成长。所以，我觉得一个城市第一要投资的是人，第二要建立良好的投资环境，第三一个城市的激情非常重要。
>
> ——阿里巴巴创始人　马云

事实证明，在某种程度上，作为创业者而言，拥有广泛的社会资源，及其良好的社会关系不仅可以促进创业者成功创业，而且还是开拓新市场的一个重要因素。

作为创业者如果过分依赖关系而忽略了初创企业的经营，那么创业者必然会创业失败。对此，马云认为，关系不是企业的核心竞争力，关系随时会不存在。只有真正地提升初创企业的经营管理，才能从根本上解决创业失败的问题。

马云在多个场合告诫诸多创业者，凡是整天热衷于围着政府官员转的企业，很难有大的成就。随着市场经济游戏规则越来越健全，官商关系就会越来越趋向于规范，那么潜规则的影响力将越来越消减。①

在这里，我们来看看马云是如何选择自己的创业环境的，面对沪粤两位书记对马云的关注，这样的关系不仅可以让马云得到足够的好处，但是马云却看得很清楚，因为马云知道"关系最不可靠"，这句话自然有它的道理。

马云认为，杭州才是最好的创业地点。然而，当初马云毅然离开上海，马云如何看待上海的创业环境？

在2008年2月29日，中国青年报记者魏和平通过"最具想象力的互联网"找到了马云2007年的一篇演讲稿。正是马云的这篇演讲稿才详细地解释了自己离开上海的真正原因。

在该演讲中，马云讲到："以前，我把总部放在上海，在淮海路租了一个很大的办公室，装扮得漂漂亮亮的，觉得有可能利用一些关系来发展阿里巴巴，结果一年以内特别累心，招人招不到。他们说阿里巴巴是哪儿的公司？几乎没有人理我们。最后，我们决定从上海撤离，先是选定了北京，最后觉得还是回杭州好。"

在该演讲中，马云讲道："当时，我自己安慰了一下，我想假如说在北京和上海，我们是500个孩子中的一个，在杭州，我们是杭州唯一的孩子，至少我们能够受到更多的重视。"

的确，在很多地方，特别是一线城市的上海，比较喜欢跨国公司，世界

---

① 吴思：历史上的官商"潜规则" [EB/OL].2014. http://www.chinadaily.com.cn/hqzx/2008-04/21/content_6632612.htm.

500强。马云说:"因为上海比较喜欢跨国公司,上海喜欢世界500强,只要是世界500强就有发展,但是如果是民营企业刚刚开始创业,最好别来上海。"

另外,作为"乡下人"的马云时刻感觉来自上海的烙印。在上海期间,马云感受比较深刻的是在上海人看来"我们都是乡下人"。马云说:"作为一个大都市,不应该比哪里的楼高、哪里的路宽,而应该看一个城市的胸怀有多大,应该考虑怎么包容外地人来创业。"

马云坦言:"我想,上海有今天,是因为有很多不会讲上海话的人融进这个城市,帮助这个城市的成长。所以,我觉得一个城市第一要投资的是人,第二要建立良好的投资环境,第三一个城市的激情非常重要。"

马云离开上海到杭州创业,自然有马云的道理。根据最新的一份调查显示,曾经被很多民营企业看好的上海,商业成本正变得越来越高,截至2007年6月,有7000多家的浙江民营企业撤离上海,而把总部或重要部门迁往杭州、宁波、香港。而广东的中小企业数量虽然是全国第一,但却没有孵化出像阿里巴巴这样的创新型的电子商务企业。①

不可否认的是,作为浙江省会,给予中小企业很多的支持和给予较好的创业环境,才有阿里巴巴这样的公司。

对此,清华大学中国创业研究中心副主任雷家骕认为,一个城市的商业文化和创业成本对正在成长中的民营企业来说是很重要的。②

雷家骕说:"对刚开始创业的小企业来说,不管是不是高科技企业,生存都很艰难。"

事实上,要想创业成功,作为一个创业者,必须要解决企业的问题首先要有足够的现金流,然后做到逐步赢利,但刚开始创业的企业基本都是亏损的,就是马云创办的阿里巴巴也是先亏损了3年才开始走向赢利。③

雷家骕坦言:"一些土地、税收、人才引进等政策,都是对大中型企业做一些'锦上添花'的事情,但很难对小企业、创业企业做到'雪中送炭'"。

---

① 中国青年报.马云谈离沪初衷:回杭州能得到更多重视[N].中国青年报,2008-03-03.
② 中国青年报.马云谈离沪初衷:回杭州能得到更多重视[N].中国青年报,2008-03-03.
③ 中国青年报.马云谈离沪初衷:回杭州能得到更多重视[N].中国青年报,2008-03-03.

而从事创业教育研究的KAB研究院副院长刘帆则从另一个角度对这个问题进行了反思，他认为创业成功最主要的因素是创业者本人的素质，但其创业行业和地域因素也会对创业企业的成功有很大的影响。①

在中央电视台《赢在中国》栏目评点创业选手时，马云告诉选手说："关系最不可靠"。相信有很多人是不赞同的，因为在中国，要想做成事情，没有关系是行不通的，只有关系到位了才能办成事，办好事，办大事。这也是所有的商人深知的一个道理。为此事情还没开始，拉关系已经先行一步了。因为中国几千年来，一直秉承着这种办事规则，虽然有点只可意会不可言传的味道，可大家都是心照不宣。但是，千万不要忘记，关系却是最不可靠的东西。

---

①中国青年报.马云谈离沪初衷：回杭州能得到更多重视[N].中国青年报，2008-03-03.

TWO 第二章

做生意需与政府保持适当距离

> 不要相信关系,世界上最靠不住的就是关系,你需要做的就是保证你的客户真诚度和满意度。
>
> ——阿里巴巴创始人 马云

■ 不要过分依赖政府和银行

> 阿里巴巴至今未拿过银行和政府一分钱,我当初一家家(银行)敲门,一家家被拒绝。
>
> ——阿里巴巴创始人 马云

在创业的路上,不管是开拓市场,还是融资,很多创业者都过分地把精力放在依赖政府和银行身上。

其实,这样的做法是不可取的。马云坦言,在创业融资过程中,家人、亲戚和朋友才是年轻人创业融资最便捷的选择。马云说:"阿里巴巴至今未拿过银行和政府一分钱,我当初一家家(银行)敲门,一家家被拒绝。"

事实上,马云曾多次告诫过创业者,不管是开拓市场,还是融资,都不要过分地依赖政府,因为过分地依赖政府就势必影响创业者制定科学的战略。特别是在融资方面,马云坦言,在创业融资中,千万不要完全依赖银行贷款，作为创业者必须掌握最便捷的创业融资方式。

为此，马云回顾了阿里巴巴的融资过程。在2004年2月17日，日本软银集团向阿里巴巴再次投入8200万美元。

而当8200万美元的融资到位后，阿里巴巴的发展犹如"猛虎加之羽翼，而翱翔四海"。可以说，该笔风险投资是阿里巴巴发展过程中获得的最大的单笔投资，同时阿里巴巴获得8200万美元的投资创造了中国互联网历史上最大的单笔私募记录。

这个记录都被媒体记者作为采访关键问题时，马云的回答更加让媒体记者大惑不解，马云说："你们应该恭喜的是我们的投资者，而不是我们。"

或许，马云这样做必然有自己的看法。在很多场合下，马云都认为，阿里巴巴之所以能够得到高盛、软银的投资，不仅靠的是实力，而且还是作为创业者代表的马云其个人魅力和他所领导的团队。

在马云看来，开拓市场也好，还是融资也罢。不仅坚持"不要过分依赖政府和银行"的原则，同时对大部分投资者是不买账的，因为马云要寻找的是能够与阿里巴巴共同成长的策略投资者。

■ 与政府恋爱的两条准则

> 我给大家的建议是：无论你在哪里，政府是一样的，爱他们但不要和他们结婚，不要和他们做生意。
> ——阿里巴巴创始人　马云

在《赢在中国》第一赛季晋级篇第六场上，创业选手是翟羽，男，1981年出生，本科，商业管理专业。其参赛项目是，"龙腾P2P媒体点播系统，利用龙腾P2P技术对原有设备与网络带宽改造和扩容原有运营商的视频点播系统，收取一次性的改造费用，与省级和总部级运营商合作打造统一的视频点播商业模式。"

翟羽介绍说:"钱是肯定没有的,这个问题不想这么回答你马老师,因为我曾经跟田园老师说过,聊了很久,他非常支持我,最后他给了我一句话,他说如果没有一个在商场中有名望有地位的真正的企业家推荐你的话,也许你就不会成功,但是我说了推荐你也许会改变你后半生。"

为此,马云点评说:"翟羽,我觉得你非常聪明,我给你一些建议,这世界最不可靠的东西就是关系。因为没有钱,没有团队的时候要靠关系,我们这些人都一样,尤其我一样,我更没有关系,没有钱的,记住,关系特别不可靠,做生意不能凭关系,做生意也不能凭小聪明,做生意最重要是你知道客户需要什么,你试试再创造下去,一定要坚持下去,一定会有机会。"

阿里巴巴能够熬过冬天,又能够异军突起,马云的非同寻常的融资之道是重要原因。如今,马云融资已成为业界传奇。在这传奇背后藏着马云的融资秘籍:先人后钱、事先钱后、以我为主、战略至上。①

马云之所以能说出那种话,绝对是有道理的,也许正是马云这么多年闯荡商海的经验之谈。关于创业计划争取风险投资的。马云一直强调:"不要相信关系,世界上最靠不住的就是关系,你需要做的就是保证你的客户真诚度和满意度。"经历沧桑,经历风雨的马云很明显对这句话有很深的认识,从他的语气就可以明显地感觉出来。

马云多次指出,要想创业成功,就必须放弃"关系就是生产力"的想法,踏踏实实地经营企业,这样的话,创业成功的可能性比找关系要大得多。

马云提醒创业者,善于利用各种资源,也包括政府资源,这对任何一个企业的成长都十分重要。但是实际上,政府提供的资源是有限的,对于创业者来说,关键要提升企业的竞争优势,而决不能把希望全都寄托在政府的帮扶上,否则将非常危险。

与政府搞好关系,这对每一个创业者来说,当然非常重要,不过需要提醒的是那些迷信官商情结的创业者来说,官商对企业的发展其实是一把双刃剑,因为政府对任何一个企业的成长都十分重要,因为政府主导政治资源,政府又是最大的供应商和最大的客户,甚至决定你的未来、你的风险。

---

① 佚名.不要过分依赖政府和银行[EB/OL].2014.http://www.cnwnews.com/html/chuangye/cn_cykt/20111218/393577.html.

对此，百度创始人李彦宏曾多次强调，"竞争优势不仅能够显著地为客户带来收益或节约成本，同时与竞争对手相比，它具有难以模仿的独特性。从这个意义上说，能否正确认识企业的核心竞争力是制定出目标清晰、具备可操作性的发展战略的第一步。"

当然，企业竞争优势必须独特的，否则它就不可能有更大或更强的竞争力。一个典型的例子是湖北幸福集团的周作亮，为了满足地方政府的偏好把企业做大，但这个企业真正倒的时候，地方政府不会为它承担责任。实际上，地方政府提供的资源是有限的，对于企业家来说，关键要练好内功，而不要把希望寄托在政府的帮扶上，不要把太多的时间搭在同政府的关系上，否则将非常危险。

不可否认的是，获得资本资源对一个企业的成长也是至关重要的。在很多企业初创时，往往很难获得外部资本、渠道产品研发等等的支持。尽管许多创业企业具有较大的发展能力，但是合作者、银行风投等等是不会把钱借或者投给这些创业企业的。在这此刻，只能靠创业者自己白手起家和善于利用各种资源。

附录一：马云卸任演讲

大家好，谢谢各位，谢谢大家，从全国各地，从美国、英国、印度来的同事，感谢大家来到杭州，感谢大家参加淘宝的十周年。今天是一个非常特别的日子，但是对我来讲，我期待这一天很多年了，最近一直在想，在这个会上跟所有的同事、朋友、网商，所有的合作伙伴，我应该说些什么。

但也很奇怪，就像姑娘盼着结婚，新娘子到了结婚这一天，除了会傻笑，不知道该干什么了。我们是非常幸运的人，十年前的今天是SARS（非典）在中国最危险的时候，所有人都没有信心。但是阿里人的年轻人，我们相信十年以后的中国会更好，十年以后电子商务会在中国受更多人的关注，很多人会用，但我真没想到，十年以后我们变成了今天这个样子。

这十年无数的人付出巨大的代价，为了理想、为了坚持，走了十年，我一直在想，即使把现在阿里巴巴集团99%的东西拿掉，我们还是值得，今生无悔，更何况我们今天有了那么多朋友，那么多相信的人，那么多坚持的人。

是什么东西让我们有了今天，是什么让马云有了今天，我是没有理由成功的，阿里没有理由成功，淘宝更没有理由成功，但是我们今天居然走了这么多年，依然对未来充满理想，其实我在想是一种信任。

当所有人不相信这个世界，所有人不相信未来的时候，我们选择了相信，我们选择了信任，我们选择十年以后的中国会更好，我们选择相信，我同事会做得比我更好，我相信中国的年轻人会做得比我们更好。

二十年以前也好，十年以前也好，我从没想过，我连自己都不一定相信自己，我特别感谢我的同事信任我，当CEO很难，但是当CEO员工更难。但现在，你居然会从一个你都没听见过的名字叫"闻香识女人"这里，付钱给她，买一个你从来没有见过的东西，经过上千上百公里，通过一个你不认识的人到了你手上。

今天的中国拥有信任，拥有相信，每天2400万笔淘宝的交易，意味着在中国有 2400 万个信任在流转着，在座所有的阿里人、淘宝、小微金服的人，我特别为大家骄傲，今生跟大家做同事，下辈子我们还是同事。因为你们，让这个时代看到了希望，在座你们就像中国所有八零后、九零后那样，你们在建立着新的信任，这种信任就让世界更开放、更透明、更懂得分享、更承担责任，我为你们感到骄傲。

今天的世界是一个变化的世界，三十年以前我们谁都没想到今天会这样，谁都没想到中国会成为制造业大国，谁都没想到电脑会深入人心，谁都没想到互联网在中国发展得那么好，谁都没有想到淘宝会起来，谁都没想到 netscape 会倒下，谁都没想到雅虎会有今天。

这是一个变化的世界，我们谁都没想到我们今天可以聚在这里，可以继续畅想未来，我跟大家都认为电脑够快，互联网还要快，很多人还没搞清楚什么是 PC 互联网，移动互联来了，我们还没搞清楚移动互联的时候，大数据时代又来了。

变化的时代是年轻人的时代，今天还有不少年轻人就像无数百度、Google、腾讯这样的公司，拿掉了很多机会。

十年以前我们看到无数个伟大的公司，我们曾经也迷茫过，我们还有机会吗，但是十年坚持、执着，我们走到了今天，假如不是一个变化的时代，在座所有年轻人轮不到你们，工业时代是论资排辈。

就是因为我们把握住了所有的变化，我们才看到未来，未来三十年，这个世界、这个中国将会有更多的变化，这个变化对每一个人是一个机会，抓住这次机会，我们很多人埋怨昨天，三十年以前的问题，中国发展到今天，谁都没有经验，世界发展到今天，谁都没有经验，我们没有办法改变昨天，但是三十年以后的今天是我们今天这帮人决定的，改变自己，从点滴做起，坚持十年，这是每个人的梦想。

我感谢这个变化的时代，我感谢无数人的抱怨，因为在别人抱怨的时候，才会有机会，只有变化的时代，才是每个人看清自己有什么、要什么、该放弃什么的时候。

参与阿里巴巴的建设十四年，我荣幸，我是一个商人，今天人类已经进入了商业社会，但是很遗憾，这个世界商人没有得到他们应该得到的尊重，商人在这个时代已经不是唯利是图的一种时代。我想我们跟任何一个职业、任何一个艺术家、教育家、政治家一样，我们在尽自己最大的努力，去完善这个社会。

十四年的从商，让我懂得了人生，让我懂得了什么是艰苦，什么是坚持，什么是责任，什么是别人成功了，才是自己的成功。我们最期待的是员工的微笑。

从今天晚上十二点以后，我将不是CEO，从明天开始，商业就是我的票友，我为自己从商十四年深感骄傲，看到你们，看到中国的年轻人，我不希望有一天我们这些人再来一个"致我们失去的中年"，这世界谁也没有把握你能红五年，没有谁可以说你会不败，你会不老，你会不糊涂，解决你不败、不老、不糊涂的唯一办法，相信年轻人，因为相信他们，就是相信未来。

所以我将不会再回到阿里巴巴做CEO，要回我也不回来，因为我回来也没有用，你们会做得更好，做公司到这个规模，小小的自尊我很骄傲，但是对社会的贡献，我们这个公司才刚刚开始，所有的阿里人我们都很兴奋，很勤奋、很努力，但我们很平凡。认真生活、快乐工作，我们今天得到的远远超过了我们的付出，这个社会在这个世纪希望这家公司走远走久，那就是去解决社会的问题，今天社会上有那么多问题，这些问题就是在座的机会，如果没有问题，就不需要在座。

阿里人坚持为小企业服务，因为小企业是中国梦想最多的地方，十四年前我们提出了"让天下没有难做的生意"，帮助小企业成长，今天这个使命落到了你们身上，我还想再为小企业讲，有人说电子商务、互联网制造了不公平，但是我的理解，互联网真正制造了公平，请问全国各省、各市、各地区有哪个地方为小企业、初创企业提供税收优惠，互联网给了小企业这个机会，有些企业三五年内享受了五六个亿的用户，他们呼唤跟小企业共同追求平等，小企业需要的就是500块钱的税收优惠，请所有阿里人支持他们，他们一定会成为中国将来最大的纳税者。

感谢各位，我将会从事一些自己感兴趣的事，教育、环保，刚才那首歌 *Heal The World*，这世界很多事我们做不了，这世界奥巴马就一个，但是太多的人把自己当奥巴马看，这世界每个人做好自己那一份工作，做好自己感兴趣的那份工作已经很了不起，我们一起努力，除了工作以外，完善中国的环境，让水清澈、让天空湛蓝、让粮食安全，拜托大家。

我特别荣幸介绍阿里未来的团队，他们和我一起工作了很多年，他们比我更了解自己，陆兆禧工作了13年，在阿里巴巴内部经历了很多岗位，经历了很多磨难，应该讲13年，眼泪和欢笑是一样的多，接马云这个位置是非常难的，我能走到今天是大家的信任，因为信任，所以简单。

　　我相信，我也恳请所有的人像支持我一样，支持新的团队，支持陆兆禧，像信任我一样信任新团队、信任陆兆禧，谢谢大家，明天开始，我将有我自己新的生活，我是幸运的，在我48岁，我就可以离开我的工作，在座每个人你们也会，48岁之前工作是我的生活，明天开始，生活将是我的工作，欢迎陆兆禧。

阿里巴巴创始人　马云
2013年5月10日

附录二：
阿里巴巴集团招股说明书

阿里巴巴集团招股说明书内容全文如下：

财务、业绩

2013年2—4季度，阿里巴巴集团营收为404.73亿元，2013财年（截至2013年3月31日）总营收为人民币345.17亿元，2012财年（截至2012年3月31日）总营收为人民币200.25亿元。

其中，阿里巴巴集团2012财年来自于中国商务业务的营收为人民币156.37亿元，2013财年为人民币291.67亿元（约合46.92亿美元）；

2012财年来自于国际商务业务的营收为人民币37.65亿元，2013财年为人民币41.60亿元（约合6.69亿美元）；

2012财年来自于云计算和互联网基础设施的营收为人民币5.15亿元，2013财年为人民币6.50亿元（约合1.05亿美元）；

2012财年来自于其他业务的营收为人民币1.08亿元，2013财年为人民币5.40亿元（约合8700万美元）。

阿里巴巴集团2012财年营收成本为人民币65.54亿元，2013财年为人民币97.19亿元（约合15.63亿美元）。

阿里巴巴集团2012财年产品开发支出为人民币28.97亿元，2013财年为人民币37.53亿元（约合6.04亿美元）；

2012财年销售和营销支出为人民币30.58亿元，2013财年为人民币36.13亿元（约合5.81亿美元）；

2012财年总务和行政支出为人民币22.11亿元，2013财年为人民币28.89亿元（约合4.65亿美元）；

2012财年无形资产摊销支出为人民币1.55亿元，2013财年为人民币1.75亿元（约合2800万美元）；

2012财年按照雅虎和阿里巴巴集团签订的技术及知识产权许可协议（TIPLA）修正案的支出为零，2013财年为人民币34.87亿元（约合5.61亿美元）。

阿里巴巴集团2012财年运营利润为人民币50.15亿元，2013财年为人民币107.51亿元（约合17.30亿美元）。

阿里巴巴集团2012财年净利润为人民币46.65亿元，2013财年为人民币86.49亿元（约合13.92亿美元）。

2012财年归属于非控股权益的净利润为人民币-4.37亿元，2013财年为人民币-1.17亿元（约合-1900万美元）；

2012财年归属于阿里巴巴集团的净利润为人民币42.28亿元，2013财年为人民币85.32亿元（约合13.73亿美元）；

2012财年归属于普通股股东的净利润为人民币42.28亿元，2013财年为人民币84.04亿元（约合13.52亿美元）。

阿里巴巴集团2012财年归属于普通股股东的每股基本和摊薄收益分别为人民币1.71元和人民币1.67元，2013财年归属于普通股股东的每股基本和摊薄收益分别为人民币3.66元（约合0.59美元）和人民币3.57元（约合0.57美元）。

阿里巴巴集团2012财年调整后EBITDA（即未计入利息、税费、折旧和摊销前的净利润）为人民币72.74亿元，2013财年为人民币166.07亿元（约合26.72亿美元）。

业务

根据产业消息，按照2013年总体商品交易量计算，我们是全球最大的在线和移动商务公司。我们把自己的生态圈像平台一样经营，并提供给第三方；我们并不参与直销，与商家展开竞争或是拥有库存。

根据市场调研公司iResearch对2013年的数据统计，按照总商品量计算，我们运营着中国最大的在线购物目的地淘宝网，以及中国最大的第三方品牌和零售商平台天猫商城；按照月活跃用户计算，我们还运营着中国最流行的团购市场聚划算。上述三大市场组成了我们的中国零售市场。在截至2013年

12月31日的12个月中，上述市场从2.31亿活跃买家和800万活跃买家产生了人民币1.542万亿元（约合2480亿美元）的交易总额。我们客户中的很大一部分已开始通过我们的移动平台进行交易，我们正在捕捉这一机遇。在截至2013年12月31日的三个月中，移动交易总额占据了我们总交易额的19.7%，高于上年同期的7.4%。

在截至2013年12月31日的9个月时间中，我们的三大中国零售市场占据了我们营收的82.7%。除去三大中国零售市场外，我们还运营的阿里巴巴网站（Alibaba.com）、阿里巴巴中国站（1688.com）、帮助中小企业接触终端批发零售商的全球速卖通（AliExpress），并提供云计算服务。iResearch提供的数据显示，按照营收计算，阿里巴巴网站是中国最大的全球性在线批发市场。

通过我们的关联公司支付宝，我们向卖家和买家提供了支付和第三方支付服务，向我们的用户提供了安全、便捷和信任。通过由我们持有48%股权的附属公司浙江菜鸟供应链管理有限公司运营的中央物流信息系统，我们辅佐第三方物流服务提供商完成发货工作。通过我们投资的UC浏览器，我们能够借助它作为移动网络浏览器开发者和运营者的经验，加强我们在电子商务之外的移动产品，如综合移动搜索等。

我们的营收主要来自于商家进行网络营销（通过我们专有的在线营销平台阿里妈妈），以及交易佣金和在线服务的费用。我们还通过会员费、增值服务和云计算服务获取营收。在截至2013年12月31日的9个月时间里，我们的营收为人民币405亿元（约合65亿美元）；净利润为人民币177亿元（约合29亿美元）。我们的财年以3月31日为终止日。

市场机遇

我们的市场机遇主要受以下因素推动：

·我们的业务得益于中国消费者购买力的快速提升。根据欧睿国际的统计数据，中国2013年实际社会消费品零售总额占据了国内生产总值的36.5%，远低于美国等其他国家，后者的社会消费品零售总额占据了国内生产总值的66.8%。我们认为，消费水平的进一步增长，将会推动在线和移动电商进入一个更高的层次。

·中国在线购物群体仍相对较少。根据中国互联网信息中心提供的数据，截至2013年12月31日，中国拥有全球最多的网民，达到6.18亿人。中国互联网信息中心的数据还显示，2013年中国在线消费者为3.02亿人。我们认为，受互联网用户数量持续增长，以及在线消费者所占网民总数比例的提升，在线消费者的数量将继续增长。

·我们认为，消费者扩大在线购买的产品和服务的种类，将会进一步加强在线和移动电商活动。

·我们认为，移动设备使用的增加，将让互联网更加便捷，推动更高的在线购物者参与和更多的新应用。中国互联网信息中心提供的数据显示，截至2013年12月31日，中国是全球最大的移动互联网国家，拥有5亿用户。受移动设备采用的不断增长，移动使用预计会继续增长。

·由于缺少全国性的实体店零售商、欠发达的实体店零售基础设施、有限的产品选择和不一致的产品质量，中国的线下零售市场面临着重大挑战。我们认为，中国零售基础设施的上述挑战，在一线和二线城市外尤为明显，这也让消费者跃过线下零售市场，青睐在线和移动电商。

·中国由全国性和地区性组成的快递服务正在广泛、快速地改进物流基础设施。我们认为，中国分散式的物流基础设施和全国性快递网络的高速发展，已经部分地推动了电子商务的增长，将继续支持消费者和商家在电子商务交易中的特殊需求。

iResearch的报告指出，整体而言，随着更多的消费者进行在线购物，以及每消费者在线购物平均支出的增加，2013年占据了中国社会消费品零售总额7.9%的在线购物，从2013年至2016年将保持27.2%的年复合增长率。

我们具备的优势

具备强大网络效应、不断繁荣的生态系统。我们引领着一个正在繁荣壮大的生态系统，这给我们提供了以下关键优势：

·生态系统的参与者为自己的成功和发展而进行投资；

·随着生态系统的扩大和网络辐射效应的增强，参与者之间的互动可以相互创造价值；

·我们生态系统的范围及其创造的网络效应，包括淘宝商城带来的庞大买家流量，为我们的其他商场和服务提供了低成本的有机流量，极大减少了我们在营销服务方面对销售团队的依赖。

——移动领先。以移动零售总成交额来计算，我们是中国移动商务领域的领先者，根据艾瑞的数据，在截至2013年12月31日的十二个月里，我们在中国的移动零售成交额占据中国移动零售成交总额（不含虚拟商品销售）的76.2%。同样是艾瑞的数据，以每月活跃用户数量来看，自2012年8月发布以来，我们的天猫移动应用已经成为中国最受欢迎的移动商务应用。

——规模庞大的物流平台。我们为自己商城的卖家提供了分布有序、规模庞大的物流平台和信息系统，为买卖双方提供高质量的大规模送货服务。我们的平台战略有助于满足散布于中国各地的数千万卖家和买家对于各种产品的包裹运送的需求。这个网络的规模可以通过以下成功的案例来证明：2013年"光棍节"促销当天我们一共处理了1.56亿个包裹，2013年我们在中国的零售商城平均每天处理1370万个包裹。

——可依靠、规模大、低成本的私有技术。我们开发了可依靠、规模大、低成本的私有技术。我们的技术可以处理商城的大量交易，例如2013年11月11日"光棍节"促销当天，我们在24小时内成功处理了2.54亿笔订单。

——数据资源。我们商城产生的消费者行为和交易数据，以及生态系统内参与者之间的互动数据，为我们提供了极具价值的资源，有助于我们和卖家提升买家购物体验，更加有效地运营，并推出创新的商品与服务。

——第三方平台商业模式。我们独有的第三方平台商业模式使得我们可以快速扩张，无需像直销公司一样担心风险，以及货源、推销和库存方面的资金需求。这种商业模式提升了我们的利润率，带来了强劲的现金流，这使得我们可以灵活地继续投资、完善平台、拓展生态系统，并积极在人才、技术、创新产品和战略资产方面进行投资。

我们采取的战略

我们业务发展战略的关键因素包括：

· 增加活跃买家数量和钱包份额。2013年，我们在中国的零售商城活跃买家平均每位下单49笔，高于2012年的39笔和2011年的33笔。我们将继续开发和推广零售商城的价值比例以吸引新买家，并通过频繁的购物和购买更多类别的产品来提升现有买家的钱包份额。我们希望通过用户忠诚项目、高质量的客户服务、营销和推广活动、营销范围的拓展，以及推广我们旗下包括天猫移动应用在内的多款移动商务应用的使用，实现继续发展。

·扩大商品类别和数量。我们希望通过开发和推广更多的商品类别与数量来提升消费者购物体验、增加消费者的互动，为商家创造更多的机会。我们坚信，商品和服务类别的增加，以及每个类别商品和服务购买数量的增加，都能够提升平均每位消费者的支出额，并增加成交总额。

·扩大移动领先优势。我们希望基于移动商务领域的现有优势，开发出更广阔的消费者商品和服务范围，例如基于地理位置的服务、O2O服务和数字内容，进而实现我们成为消费者日常生活中心的理想。我们将继续通过战略联盟、投资和收购等方式，探索增加移动用户基数和互动的方法。

·在广义上增加卖家的成功。我们希望以广阔范围内增加商城卖家的成功，主要通过提升他们对相关买家需求的曝光度，并为他们提供数据科学应用等更多工具，帮助其管理客户关系。

·改进数据及云计算技术。我们将继续实施数据战略，在商城设计、用户界面、搜索、针对营销、物流、地理位置服务、金融服务等多个领域应用数据智能和深度学习技术。另外，我们还将继续在云计算平台方面大笔投资，支持我们自己和第三方的企业。

·拓展跨国商务机遇。我们的国际战略专注于对生态系统固有的跨国联系的利用。例如，我们将继续开发国际业务，将海外品牌零售商与中国消费者联系起来（Tmall Global），将中国供应商与国际零售市场（全球速卖通）和国际批发市场（Alibaba.com）联系起来。

阿里巴巴的伙伴关系

自从1999年我们的公司创始人首次在马云的公寓里集会以来，他们及管理团队就一直坚持合伙人的精神。我们将文化看作我们取得成功、服务客户的能力、提升员工、为股东带来长远价值的根本。2010年7月，为了保持合伙人精神，确保公司使命、远景和价值观的可持续性，我们决定将这种合伙人关系正式定义为"湖畔合伙人"（Lakeside Partners），以当初公司成立时马云和其他创始人集会的"湖畔花园"小区来命名。我们将这种合伙人关系称作阿里巴巴合伙人关系。

我们坚信，我们的合伙人关系策略帮助我们更好地管理业务，使高管人员相互协作，克服官僚主义和等级制度。目前阿里巴巴合伙人关系共有28个成员，其中包括22名公司管理团队的成员，6名相关公司和附属公司管理团队的成员。这种合伙人关系依据一些原则、政策和程序来运行，而且随着我们业务的发展，这些原则、政策和程序也会进行改进。描述如下：

我们的合伙人制度是一个动态的实体，每年都会通过补充新成员、确保优秀、创新和稳定来保持年轻活力。

- 新的合伙人每年通过提名、选举来产生，这其中需要符合一系列标准，包括至少五年任期，获得合伙人75%赞成票等。合伙人的投票按照每人一票来计算。
- 合伙人是我们公司使命、远景和价值观的构思者，不仅在公司内部如此，对公司以外的用户、企业合作伙伴和其他生态系统参与者来说都是如此。
- 我们要求每位合伙人在任期内保留一定水平的公司股权。

我们面临的挑战

我们坚信，一些重大风险和不确定性可能会给我们带来严重的负面影响，这其中包括：

- 未能保持我们生态系统的受信任地位可能会严重损害我们的声誉和品牌；
- 我们或许无法保持或提升生态系统的网络效应；
- 我们的运营哲学可能会给短期财务业务带来负面影响；
- 我们可能无法成功实现移动流量变现；
- 我们可能无法保持自己的文化，而文化一直是公司取得成功的关键；
- 我们可能无法有效创新或竞争；
- 如果支付宝服务受限，我们的业务将受到损害；
- 我们可能无法保持营收增幅，增加企业投资可能会影响利润率；
- 我们的营收和净利润可能会受到中国及全球经济下滑的严重负面影响；
- 我们的可变利益实体结构存在的风险和不确定性；
- 中国的监管和法律制度很复杂而且正在完善，未来的监管可能会给我们的业务提出更多要求。

公司董事会、高管及持股情况

目前公司董事会情况如下。到此次IPO完成时，我们预计董事会人员能够达到9名。

马云，49岁，执行董事长

蔡崇信，50岁，执行副董事长

孙正义（软银CEO 无个人持股），56岁，董事

杰奎琳·雷瑟斯（Jacqueline D.Reses 雅虎执行副总裁 无个人持股），44岁，董事

以下是公司高管的信息：

马云，49岁，1999年加入阿里巴巴，执行董事长

蔡崇信，50岁，1999年加入阿里巴巴，执行副董事长

陆兆禧，44岁，2000年加入阿里巴巴，CEO

张勇，42岁，2007年加入阿里巴巴，COO

武卫，45岁，2007年加入阿里巴巴，CFO

王坚，51岁，2008年加入阿里巴巴，CTO

石义德，54岁，2007年加入阿里巴巴，总法律顾问

截至2013年12月31日，马云持股206,100,673股，持股比例为8.9%；蔡崇信持股83,499,896股，持股比例为3.6%；孙正义和杰奎琳·雷瑟斯没有个人持股，公司其他高管的持股比例均不足1%。

机构投资者当中，软银持股797,742,980股，持股比例为34.4%；雅虎持股523,565,416股，持股比例为22.6%。

参考文献

[1]白山.马云的人生哲学[M].北京：北京工业大学出版社，2011.

[2]车丽萍.创业：50位上海理工大学毕业生的创业历程[M].上海：复旦大学出版社，2012.

[3]陈伟.这才是马云[M].杭州：浙江人民出版社，2011.

[4]陈炜煜.创业学[M].北京：中国财富出版社，2010.

[5]陈海涛.草根创业[M].北京：中国经济出版社，2010.

[6]陈戈.创业的旅程[M].北京：中信出版社，2010.

[7]储盈.创业兵团[M].北京：中华工商联合出版社，2012.

[8]初明利，于俊如等.创业学导论[M].北京：经济科学出版社，2009.

[9]常桦.创业教父[M].北京：中国华侨出版社，2010

[10]段华洽，孙群.创业学理论与实务[M].合肥：合肥工业大学出版社，2011.

[11]樊一阳，徐玉良等.创业学概论[M].北京：清华大学出版社，2010.

[12]冯雷钢.和马云一起创业[M].北京：工人出版社，2008.

[13]顾一琼.创业时还需培养良好心态[N].文汇报，2006-08-19.

[14]高尚.哪种创业者成功几率高[N].深圳商报，2005-07-15.

[15]广天响石阿里巴巴研究中心.马云说[M].北京：中华工商联合出版社.2011.

[16]郭明涛.马云的人生哲学[M].杭州：浙江人民出版社，2009.

[17]贺尊.创业学概论[M].北京：中国人民大学出版社，2011.

[18]霍莉.马云：创业不要"左眼美金，右眼日元"[J]，中国企业家.2010（10）.

[19]侯继勇.对话马云：那些与WTO相关的事[N].21世纪经济报道，2011-11-19.

[20]胡志刚.企业何时融资才是最佳时候[EB/OL].2014.http：//baike.china.alibaba.com/doc/view-d21218125.html.

[21]韩杨.马云对话马化腾：看到微信我也很紧张[EB/OL].2014.http：//tech.ifeng.com/it/special/2013lingxiufenghui/content- 3/detail_2013_03/31/23719366_0.shtml.

[22]何峰.马云：不要老是想打败竞争对手[EB/OL].2014.http：//www.iheima.com/archives/13473.html.

[23]海华.马云教典：成就阿里巴巴帝国的36个法则[M].武汉：华中科技大学出版社，2009.

[24]黄亮新.互联网创业前奏曲第二部：网站运营之人性、策略与实战[M].北京：电子工业出版社，2011.

[25]简六.马云选人哲学：喜欢3流学校　陆兆禧躺着中枪[J].中国企业家，2013（3）.

[26]纪永英，李红.马云说：生意就该这么干[M].太原：山西人民出版社，2012.

[27]纪子义.马云如是说2[M].北京：中国经济出版社，2009.

[28]蒋云清.马云谈商录[M].北京：北京联合出版公司，2011.

[29]金错刀.马云的创业逻辑[M].北京：中信出版社，2012.

[30]金错刀.马云管理日志[M].北京：中信出版社，2009.

[31]姜猛.创业：20岁做百万富翁[M].北京：金城出版社，2008.

[32]可心，冬树.美丽说徐易容：创新如婴儿容忍不完美[EB/OL].2014.http：//news.itxinwen.com/internet/inland/2011/1221/381993_2.html.

[33]李贤柏，喻科，程新平.创业学[M].重庆：重庆大学出版社，2009.

[34]李时棒，常建坤.创业学：理论、过程与实务[M].北京：中国人民大学出版社，2011.

[35]李问渠.马云商道真经[M].北京：新世界出版社，2009.

[36]李文勇.像马云一样创业[M].北京：中国青年出版社，2009.

[37]李文库.赢在创业：选择创业项目的58个方向[M].北京：中国纺织出版社，2012.

[38]李野新，周俊宏.马云谈创业[M].杭州：浙江人民出版社，2009.

[39]李治仪.小老板的创业经[M].北京：北京联合出版公司，2013.

[40]刘平，李坚.创业学：理论与实践[M].北京：清华大学出版社，2009.

[41]刘沁玲，陈文华.创业学[M].北京：北京大学出版社，2012.

[42]刘志阳.创业学[M].上海：格致出版社，2008.

[43]刘世英，彭征.谁认识马云[M].北京：中信出版社，2006.

[44]刘世英，彭征明.马云创业思维[M].北京：经济日报出版社，2008.

[45]刘世英. 谁认识马云2：危机中的救赎[M].北京：中国友谊出版公司，2012.

[46]刘世英.马云的坎[M].北京：中华工商联合出版社，2012.

[47]刘平.创业学原理与应用[M].大连：东北财经大学出版社，2008.

[48]刘德胜.马云的财富江湖[M].北京：航空工业出版社，2010.

[49]刘世平.创业要按兴趣去做[N].中国青年报，2007-05-24.

[50]栾燮.如何成为一家伟大的公司？[N].南方都市报，2008-08-03.

[51]流水.马云：企业家要将社会责任植入商业模式[EB/OL].2014.http：//news.ccw.com.cn/people/htm2007/20070104_233722.shtml.

[52]黎黎.成功无捷径：马云创业22律[M].北京：中国纺织出版社，2013.

[53]龙春华.马云给年轻人的创业课[M].北京：中国三峡出版社，2011.

[54]鲁智.跟马云学创业理念[M].北京：台海出版社，2012.

[55]吕叔春.马云是这样创业的[M].北京：中国城市出版社，2011.

[56]林嵩.创业学：原理与实践[M].上海：上海财经大学出版社，2008.

[57]林光.创业学[M].北京：清华大学出版社，2008.

[58]林金腾.私募股权投资与创业投资[M].广州：中山大学出版社.2011.

[59]【美】兰姆英，【美】库尔.创业学[M].大连：东北财经大学出版社，2009.

[60]【美】杰弗里·蒂蒙斯，【美】小斯蒂芬·斯皮内利.创业学（第六版）[M]. 北京：人民邮电出版社，2005.

[61]【美】库洛特克，【美】霍志茨.创业学：理论、流程与实践（第6版）[M].北京：清华大学出版社，2004.

[62]【美】格伯.创业必经的那些事2[M].北京：中信出版社，2010.

[63]【美】巴林杰.创业计划：从创意到执行方案[M].北京：机械工业出版

社，2009.

[64]【美】罗伯特·清崎.富爸爸成功创业的10堂必修课[M].上海：南海出版社，2009.

[65]【美】布兰克，【美】多夫.创业者手册：教你如何构建伟大的企业[M].北京：机械工业出版社，2013.

[66]【美】莱斯.精益创业[M].北京：中信出版社，2012.

[67]【美】塞诺，【以】辛格. 创业的国度[M].北京：中信出版社，2010.

[68]【美】格伯.创业必经的那些事1[M].北京：中信出版社，2010

[69]【美】卡梅伦·约翰逊，【美】约翰·大卫·曼恩.创业去[M].上海：南海出版社，2011.

[70]【美】安迪·攀.融资奔向中国创业板[M].北京：石油工业出版社，2011.

[71]美国《创业者》杂志.创业宝典——未来企业家之路[M].清华大学出版社，2012.

[72]马云.马云内部讲话[M].北京：红旗出版社，2010.

[73]马云，等.CEO来信[M].上海：上海财经大学出版社，2011.

[74]马钧.马钧品马云[M].武汉：武汉大学出版社，2008.

[75]马云.马云：员工意见比股东意见更重要[J].中国企业家，2009（11）.

[76]马云.马云：善待员工，带来的回报远超过想象[J].中国企业家，2010（12）.

[77]马云.马云2002年在宁波会员见面会上的演讲，2002.

[78]马云.企业何时融资才是最佳时候[EB/OL].2014.http：//baike.china.alibaba.com/doc/view-d21218125.html.

[79]马云：困境记三事，客户依旧第一[EB/OL].2014.http：//club.china.alibaba.com/forum/thread/view/110_26907586_r98396625.html.

[80]马云.马云：唐僧管理的团队[EB/OL].2014.http：//finance.eastmoney.com/news/1355，20110509134738813.html.

[81]马云.马云：聘请员工要找最合适的而不是最天才的[J].中国企业家，2009（11）.

[82]马云.马云：不要迷信MBA[N].中国食品报·冷冻产业周刊，2010-04-05.

[83]孟鹰，余来文，王志球.顾客价值下的商业模式创新分析[J].商场现代化，2007（30）.

[84]马云.不给梦想机会，你永远没有机会[EB/OL].2014.http：//www.bnet.com.cn/2009/0807/1427262.shtml.

[85]马云.马云：梦想与坚持[EB/OL].2014..http：//www.union158.com/84/10634.html.

[86]慕乐.创业要敢于担当风险[EB/OL].2014.http：//www.chinadxscy.com/news/html/20110405233228.html.

[87]孟知行.三位上海优秀企业家寄语青年创业者——兴趣是创业最好的动力[N].解放日报.2007-06-30.

[88]邱小华.马云：创业者要谈学会倾听客户的需求[N].市场导报，2010-09-29.

[89]【日】大前研一等.创业圣经[M].北京：东方出版社，2009.

[90]【日】村上隆.艺术创业论[M].北京：中信出版社，2011.

[91]【日】神田昌典.餐巾纸上的创业课[M].重庆：重庆出版社，2009.

[92]任雪峰.我的成功不是偶然[M].北京：中国画报出版社，2010.

[93]任宪法.白手创业[M].北京：中国经济出版社，2011.

[94]孙燕君.马云教[M].南京：江苏文艺出版社，2008.

[95]孙祺奇.马云是特例[M].北京：中国经济出版社，2012.

[96]孙陶然.创业36条军规[M].北京：中信出版社，2012.

[97]石育斌.助您成功登上创业板[M].北京：法律出版社，2009.

[98]谭古.浙商创业精神解读[J].科技创业，2007（1）.

[99]魏拴成，姜伟.创业学：创业思维·过程·实践[M].北京：机械工业出版社，2013.

[100]吴能文.落实力就是战斗力[M].北京：新世界出版社，2008.

[101]吴建卫.员工危机[M].南京：江苏文艺出版社，2007.

[102]王波.创业成功者的40条经验[M].北京：电子工业出版社出版，2010.

[103]王雪靖.新阿甘式传奇人物——马云[N].第一财经日报，2006-01-20.

[104]王傅雷.左手马云右手史玉柱[M].北京：北京理工大学出版社，2009.

[105]王建红.阿里巴巴捐500万资助地震残疾人康复培训[N].江南时报，

2008-11-06.

[106]王宇.马云的人生江湖[M].贵阳：贵州人民出版社，2011.

[107]王珺之.马云给创业者的忠告[M].北京：化学工业出版社，2011.

[108]伍原.创业智慧五项修炼：创业家是怎样炼成的[M].杭州：浙江大学出版社，2012.

[109]谢残阳.霸气马云[M].北京：中国铁道出版社，2012.

[110]肖文健.马云创业语录[M].北京：中国致公出版社，2008.

[111]肖文键.马云说话之道[M].北京：中国华侨出版社，2012

[112]薛松.马云忆当年融资难：一家家敲门一家家被拒[N].广州日报，2009-09-17.

[113]杨云鹏.马云的24个工作哲学[M].北京：石油工业出版社，2012.

[114]杨艾祥.马云创造[M].北京：中国发展出版社，2006.

[115]习美，李绍钻.马云教你创业赚大钱[M].北京：中国商业出版社，2011.

[116]袁朝晖.换只眼睛看马云[M].北京：经济日报出版社，2011.

[117]姚非拉.漫话马云[M].北京：新世纪出版社，2008.

[118]余在杭.芝麻开门[M].北京：中国时代经济出版社，2007.

[119]叶一戈.马云制胜的九种武器[M].北京：当代中国出版社，2012.

[120]《赢在中国》项目组.马云点评创业[M].北京：中国民主法制出版社，2007.

[121]《赢在中国》项目组.俞敏洪创业人生[M].北京：中国民主法制出版社，2008.

[122]元亨利.像马云一样思考，像李开复一样行动[M].北京：中国城市出版社，2011.

[123]习近平.关键在于落实[J].求是，2011（3）．

[124]佚名.空谈误国，实干兴邦[EB/OL].2014.http：//baike.baidu.com/view/9553945.htm.

[125]佚名.空谈误国，实干兴邦[EB/OL].2014.http：//www.qstheory.cn/zs/201212/t20121208_199121.htm.

[126] 佚 名.马 云 [EB/OL].2014.http：//baike.baidu.com/view/16360.htm#sub

5414449.

[127]佚名.马云：探索属于自己的创业模式[EB/OL].2014.http：//chuangye.umiwi.com/2011/1115/48391.shtml.

[128]佚名.中国互联网商务鼻祖——马云[EB/OL].2014.http：//blog.sina.com.cn/s/blog_63ebc3d90100jp5z.html.

[129]佚名.中国牛人和IT瘦马牛根生马云[EB/OL].2014.http：//www.north-news.cn/2007/0626/51260.shtml.

[130]佚名.人生成功的21个信念（4）[EB/OL].2014.http：//www.rs66.com/a/2/88/30094_4.html.

[131]佚名.地基决定大厦[EB/OL].2014.http：//wenku.baidu.com/view/2a4c8bfac8d376eeaeaa3185.html.

[132]佚名.兴趣和爱好是创业的最伟大的基因[EB/OL].2013http：//blog.sina.com.cn/s/blog_56eb6fe80100meh5.html.

[133]佚名.打破中小企业2.9年寿命的"魔咒"[EB/OL].2014.http：//finance.jrj.com.cn/2011/09/15130611045997.shtml.

[134]佚名.阿里巴巴与四十大盗[EB/OL].2013http：//baike.baidu.com/view/170166.htm.

[135]佚名.马云：给公司起个让全世界都能记得住的好名字[EB/OL].2014.http：//www.doc88.com/p-482421475938.html.

[136]佚名.娃哈哈如何进行品牌决策[EB/OL].2014.http：//www.doc88.com/p-479426117664.html.

[137]佚名.成功：在没有条件中创造条件[EB/OL].2014.http：//info.china.alibaba.com/detail/5905367.html.

[138]佚名.马云从老师到创业者的转变[EB/OL].2014.http：//info.china.alibaba.com/detail/6052654.html.

[139]佚名.马云：像坚持初恋一样坚持梦想[EB/OL].2014.http：//finance.jrj.com.cn/biz/2012/05/09101213048691-4.shtml.

[140]佚名.阿里巴巴马云：没钱一样创业[EB/OL].2014.http：//www.wabei.cn/news/200908/262418.html.

[141]佚名.阿里巴巴[EB/OL].2014.http：//baike.baidu.com/view/2296.htm.

[142]佚名.马云:公司名字缘何而来[EB/OL].2014.http://roll.sohu.com/20111124/n326762114.shtml.

[143]佚名.商业模式[EB/OL].2014.http://wiki.mbalib.com/wiki/商业模式.

[144]佚名.马云:阿里成功的关键在于商业模式[EB/OL].2014.http://finance.591hx.com/article/2012-12-07/0000293762s.shtml.

[145]佚名.马云:一人管员工最多7个[EB/OL].2014..http://www.epjob88.com/ViewArticle.php?id=13684.

[146]佚名.读马云《创业启示录》有感[EB/OL].2014.http://blog.sina.com.cn/s/blog_6f66c6c20100one8.html.

[147]佚名.马云创业真经:创业者绝不能浮躁,不能急功近利[EB/OL].2014.http://club.china.alibaba.com/threadview/35426541.html.

[148]佚名.马云:不能在资本层面稀释掉对企业的操纵权[EB/OL].2014.http://www.asiafinance.cn/news/2011-12-14/asia0000051797.shtml.

[149]佚名.马云讲创业的三个原则.[EB/OL]2013.http://www.cn08.net/html/cyebd/200802/7083.html.

[150]佚名.佚名.马云:公司的第一产品一定是员工[EB/OL].2014.http://news.paidai.com/13593.

[151]阴逆旅.马云:即使净利润下跌也要坚持客户第一原则[EB/OL].2014.http://tech.sina.com.cn/i/2009-05-07/09323070535.shtml.

[152]赵延忱.中国创业学[M].北京:中国人民大学出版社,2010.

[153]赵文锴.马云创业真经[M].北京:中国经济出版社,2011.

[154]朱乘尧.马云创业启示录.[M]北京:人民邮电出版社,2010.

[155]朱甫.马云如是说[M].北京:中国经济出版社,2008.

[156]朱甫.马云管理思想大全集(超值白金版)[M].深圳:海天出版社,2011.

[157]朱甫.马云谈创业[M].深圳:海天出版社,2008.

[158]张炜,田茂利.创业学[M].杭州:浙江大学出版社,2011.

[159]张耀辉.创业学导论:原理、训练与应用[M].北京:机械工业出版社,2011.

[160]张文松,裘晓东,陈永东.创业学[M].北京:机械工业出版社,2012.

[161]张玉利.创业管理（第2版）[M].北京：机械工业出版社，2011.

[162]张刚.马云十年[M].北京：中信出版社，2009.

[163]张永生.马云向左史玉柱向右[M].北京：中国言实出版社，2008.

[164]张镦亓.像马云一样说话[M].南京：江苏文艺出版社，2011.

[165]张勇，闫秋芹.天天遇见马云[M].北京：清华大学出版社，2009.

[167]张绪旺.马云：小企业不要急着圈钱[N].北京商报，2010-06-02.

[168]张绪旺.马云：点滴的完善就是最好的管理[N].北京商报，2010-08-25.

[169]中央电视台财经频道《商道·对手》栏目.创业：我们的故事[M].北京：北京出版社，2011.

[170]周锡冰.马云教你创业[M].北京：中国经济出版社，2009.

后 记

在中国改革开放30多年的历史中，一批批的创业英雄不断涌现。在这些创业英雄中，马云当之无愧地成为这批英雄中不可多得的创业典型。

从创办海博翻译社开始，到创办阿里巴巴，再到阿里巴巴成为全球最伟大的公司；从最初的普通高校教师，到中国最大的电子商务"帝国"——阿里巴巴的缔造者；从第一次出差去美国触网，到筹集10万元创办中国黄页网站……

这些无不体现马云敢想敢干的创业精神。不可否认的是，马云创业的成功不仅成为了一个奇迹的创造者，更是成为一个当之无愧的创业"教父"。

在马云"指点江山、激扬文字"的背后，马云无数的艰辛却被媒体故意地隐藏了起来。研究发现，马云的创业之路并非一帆风顺，同样经历了唐僧西天取经"八十一难"。

然而，媒体对马云成功的放大无疑是在推动更多的立志于创业的创业者前仆后继地奔赴创业前线。

殊不知，这样的创业激情会被无情的现实击碎。正如马云所言："短暂的激情一文不值，只有持久的激情才是赚钱的，而激情是不能受伤害的。有些人，创业初期很有激情，但激情来得快，去得也快。所以，我希望你们的激情能保持3年，保持一辈子。"

事实上，近年来民企创业的失败率非常高，同时很多中小企业的寿命也比较短。原因就在于很多创业者创业来自一时冲动，或憧憬一夜暴富等等。

根据中央电视台、国家发改委中小企业对外合作协调中心、清华大学中国创业研究中心、中国农业大学MBA中心联合推出的报告显示，50%以上的创业者都犯过"用短期借款搞固定资产投资"的错误。

而2007年2月18日发布的《中国百姓创业调查报告》表明，48%的创业者有过失败经历，失败的主要原因集中在三点：用短期借款搞固定资产投资而资金周转出问题；创业项目选择错误；管理不善。

针对诸多创业者往往容易犯的错误，马云根据自己的创业经验和心得告诫创业者需要注意的创业事项，旨在以具体事例传承投资智慧，以在创业投资者摩拳擦掌之时，对创业者提出善意的建议，使其能够从中获取真正具有指导性的知识和技巧。

当然，作为这个时代草根创业的代表人物，以及继续在创业路上的先行者之一，马云的企业经营论断或许不能直接给创业者们带来成功，却能给予一个提示，一个视角，一个忠告，一个鼓励，告诉所有创业中的人们，创业不是孤军奋战，不是置之死地而后生。

任何一本书的写作，都是建立在许许多多人的研究成果基础之上的。在写作过程中，笔者参阅了相关资料，包括电视、图书、网络、视频、报纸、杂志等资料，所参考的文献，凡属专门引述的，我们尽可能地注明了出处，其他情况则在书后附注的"参考文献"中列出，并在此向有关文献的作者表示衷心的谢意！如有疏漏之处还望原谅。

本书在出版过程中得到了许多教授、研究马云创业经验的专家、业内人士以及出版社的编辑等的大力支持和热心帮助，在此表示衷心的谢意。由于时间仓促，书中纰漏难免，欢迎读者批评指正。（E-mail：zhouyusi@sina.com）。

周锡冰

2014年11月28日于北京